Gustav Peichl

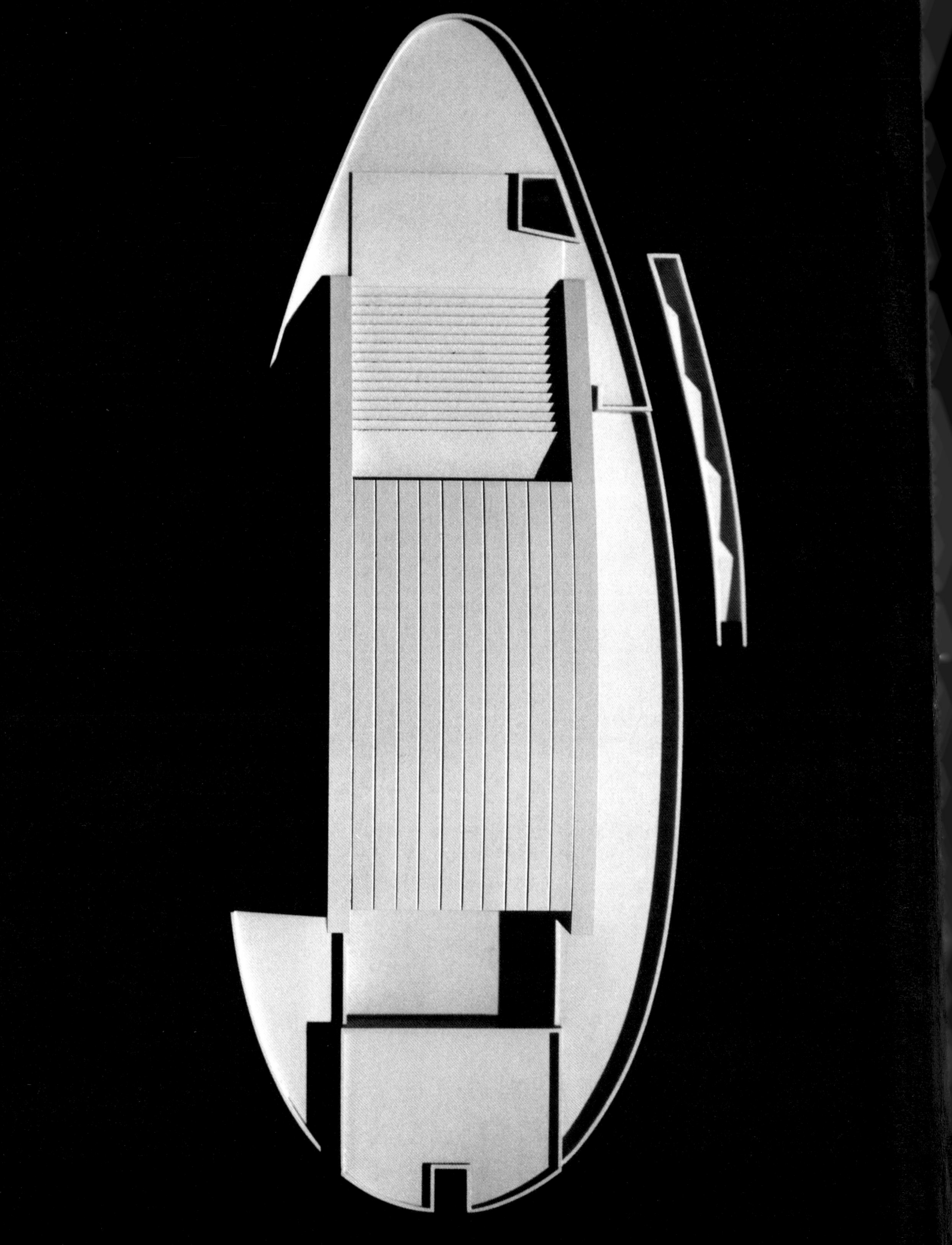

Gustav Peichl

Neue Projekte
Recent Projects

Birkhäuser Verlag
Basel · Boston · Berlin

**Dieser Katalog erscheint anläßlich der Ausstellung
GUSTAV PEICHL – Bauten und Projekte
in der Slovak National Gallery, Bratislava 1996
und Prag 1997**

This catalogue is published in conjunction with the exhibition
«Gustav Peichl, Buildings and Projects»
in the Slovak National Gallery, Bratislava, 1996
and Prague 1997

Die Texte zu den einzelnen Projekten verfaßte Walter Zschokke.
The project texts were written by Walter Zschokke.

Übersetzung Deutsch – Englisch: Translation German – English:	**Christian Caryl, Berlin**
Übersetzung Peter Blake Englisch – Deutsch: Translation Peter Blake English – German:	**Clemens Faller, Freiburg**
Umschlaggestaltung: Cover Design:	**Andrea Schraml, Wien**

Umschlagfoto: Probebühnen des Burgtheaters Wien, Foto Gisela Erlacher
Cover Illustration: Burgtheater Rehearsal Stages Vienna

Abbildung auf Seite 2: Theater Gütersloh
Illustration on page 2: Gütersloh Theatre

A CIP catalogue record for this book is available from the Library of Congress,
Washington D.C., USA

Deutsche Bibliothek Cataloging-in-Publication Data

Peichl, Gustav:
Gustav Peichl : neue Projekte / [Übers. aus dem Dt. ins Engl.: Christian Caryl. Übers.
des Beitr. von Peter Blake aus dem Engl. ins Dt.: Clemens Faller]. - Basel; Boston;
Berlin : Birkhäuser 1996

ISBN 3-7643-5351-1 (Basel...)
ISBN 0-8176-5351-1 (Boston)

NE: HST

This work is subject to copyright. All rights are reserved, whether the whole or part of the material is concerned, specifically the rights of translation, reprinting, re-use of illustrations, recitation, broadcasting, reproduction on microfilms or in other ways, and storage in data banks. For any kind of use, permission of the copyright owner must be obtained.

© 1996 Birkhäuser – Verlag für Architektur, P.O.Box 133, CH-4010 Basel, Switzerland
Printed on acid-free paper produced from chlorine-free pulp. TCF ∞

Printed in Germany
ISBN 3-7643-5351-1
ISBN 0-8176-5351-1

9 8 7 6 5 4 3 2 1

Inhalt
Contents

Peter Blake: Doppelgänger	6
Peter Blake: Doppelgänger	
Walter Zschokke: G.P. Eine Beschreibung	8
Walter Zschokke: G.P. A Descriptive Essay	
Gustav Peichl: Bekenntnis zur Form	16
Gustav Peichl: An Affirmation of Form	
Schule am Wienerberg, Wien-Favoriten, 1987–1989	30
Wienerberg Elementary School, Vienna-Favoriten, 1987–1989	
Donau-Zwilling, Wien-Donaustadt, 1993	33
High-Rise Buildings, Vienna-Donaustadt, 1993	
Bibliothek Dortmund, 1996	38
Dortmund Library, 1996	
Schule Ocwirkgasse, Wien 21, 1994–1996	40
School Ocwirkgasse, Vienna 21, 1994–1996	
EVN-Forum, Maria Enzersdorf, 1991–1993	48
EVN-Forum, Maria Enzersdorf, 1991–1993	
Probebühnen für das Burgtheater, Wien, 1990–1993	56
Rehearsal Stage of the Burgtheater, Vienna, 1990–1993	
Europäisches Filmzentrum, Berlin-Babelsberg, 1995	66
European Film Centre, Berlin Babelsberg, 1995	
Münchner Kammerspiele, München, 1990–1994	72
Münchner Kammerspiele, Munich, 1990–1994	
Erzherzog-Karl-Stadt, Wien, 1993	78
Erzherzog Karl Stadt, Vienna, 1993	
Wilhelm-Busch-Museum, Hannover, 1994	84
Wilhelm-Busch-Museum, Hanover, 1994	
ORF-Landesstudio, St. Pölten, 1994	88
ORF-Regional Studio, St. Pölten, 1994	
EXPO '96 Austria-Pavillon, Budapest, 1994	96
EXPO '96 Austria-Pavilion, Budapest, 1994	
Theater der Stadt Gütersloh, 1993	104
City Theatre, Gütersloh, 1993	
Städelschule, Frankfurt/Main, 1990–1991	112
Städelschule, Francfort/Main, 1990–1991	
Palazzo Tergesteo a Mare, Triest, 1995	116
Palazzo Tergesteo a Mare, Triest, 1995	
Werkverzeichnis	124
List of Works	
Biographie	127
Biography	
Fotonachweis	128
Illustration Credits	

Doppelgänger

Peter Blake

Man könnte durchaus behaupten, daß Peichl zu den besten Architekten zählt, die heute in Europa am Werk sind. Auf alle Fälle ist er einer der allerbesten in seiner Geburtsstadt Wien, und er ist weit über die Grenzen Österreichs hinaus berühmt geworden, aufgrund der besonderen Qualität seines Werkes und dank der Tatsache, daß seine Gebäude in ganz Europa verstreut, einschließlich Berlin, zu finden sind. Seine Werke sind ebenfalls in ganz Europa ausgestellt worden, vor allem auf der Biennale in Venedig.

Ich wurde zum ersten Mal auf Peichls Werk aufmerksam, als er anfing, einige bemerkenswerte High-Tech-Gebäude für den österreichischen Rundfunk in verschiedenen Regionen dieses Landes zu bauen. Dies ist nun fast 25 Jahre her, lange bevor viele weitere High-Tech-Komplexe sonst irgendwo gebaut wurden. Peichls Rundfunkzentralen waren nicht nur High-Tech, was die Konzeption betrifft; die Planungsvorstellungen wurden auch wunderschön bis in alle Einzelheiten ausgeführt und «bis zum geht nicht mehr» verfeinert; die einzelnen Gebäudeformen verdeutlichen unmißverständlich die Funktionen, für die die Gebäude gebaut worden waren.

Jedoch nicht ganz. Ich hatte lange Zeit den Verdacht gehegt, daß österreichische Architekten dieses Jahrhunderts dazu neigen, unter einer Art von «Seefahrtsneid» zu leiden. Denn beinahe das ganze Jahrhundert über besaß Österreich keine Häfen (außer ein oder zwei Jachthäfen an der Donau); und bewußt oder unbewußt versuchten österreichische Architekten und Designer diesen schwerwiegenden Mangel dadurch auszugleichen, daß sie, wann immer und wo immer die Möglichkeit dazu bestand, «Schiffahrtsphantasiegebilde» entwarfen. Otto Wagner, der größte der frühen Modernen, realisierte die Aufzüge seiner Wohngebäude und die Bahnsteige seiner Wiener Untergrundbahnen so, als ob sie Kommandobrücken von irgendwelchen großen österreichisch-ungarischen Schlachtschiffen seien.

Und eine von Wagners schönsten Kompositionen – eine Art Dock am Ufer der Donau – sieht aus wie die elegantesten Jachten und Dampfschiffe seiner Tage. Vor einigen Jahren schrieb ich über diese sonderbare Fixierung, welche Österreichs Designer zu plagen scheint, in einem kleinen Büchlein, welches dem Werk von Gustav Peichl und ein oder zwei anderen gewidmet war. «Es kommen immer diese wiederkehrenden Symbole der Seefahrtstechnologie zum Vorschein,» schrieb ich. «Steuerräder, die Aufzüge kontrollieren: Aufbauten, die geradewegs aus dem Bereich des Schiffsbaus stammen; Wimpel, die an jene auf Segelbooten erinnern: Landungsstege; Schornsteine und all das andere. Tatsächlich bemerkt man plötzlich, daß Österreich, welches seine großen Häfen und die damit verbundenen Flotten und Marinen vor vielen Jahren verlor, sich immer noch nach den Tagen all der berühmten Admirale und deren noch berühmteren Schiffen sehnt. Wie sonst sind jene Mastbäume, jene Torpedoausstoßrohre und jene eleganten Kapitänsbrücken zu erklären, die Gustav Peichls auf dem Land in der Nähe der Festung

Doppelgänger

Peter Blake

For Peichl may well be one of the very best architects working in Europe today. He is certainly one of the very best in his native Vienna, and he has become widely known beyond the borders of Austria thanks to the special qualities of his work, and thanks to the fact that his buildings stand all over Europe, including Berlin. His work has been exhibited all over Europe as well, especially at the Biennale in Venice.

I first encountered Peichl's work when he started doing some remarkable hi-tech buildings for Austrian Radio Network in various provinces of that country. This was almost 25 years ago, before there had been many hi-tech extravaganzas built elsewhere. Peichl's radio headquarters were not only hi-tech in conception; they were also beautifully detailed and polished to the nth degree; and their forms unmistakably expressed the functions contained therein.

But not quite. I had long harbored the suspicion that Austrian architects of this century tended to suffer from some sort of Naval Envy. For most of the century, Austria had no harbors (except for a marina or two along the Danube): and consciously or not, Austrian architects and designers tried to make up for this dreadful deficiency by building naval fantasies whenever and wherever they could. Otto Wagner, the greatest of the early moderns, would detail elevators of his apartment buildings, and the platforms of his Vienna subways, as if they were the bridges of some great Austro-Hungarian battleships: and one of Wagner's finest structures – a kind of dock on the edge of the Danube – looks like the most elegant yacht or steamship of its day.

Some years ago, I wrote about this odd fixation that seems to plague Austria's designers in a small booklet devoted to the work of Gustav Peichl and one or two others. «There are these recurring symbols of nautical technology,» I wrote. «Steering wheels that control elevators: superstructures straight out of the language of naval architecture; pennants that recall those on sailboats: gangplanks; funnels; and all the rest. In fact, one suddenly realizes that Austria, which lost its great ports and its concomitant fleets and navies several years ago, still yearns for the days of all those grand admirals, and their even grander ships. How else to explain those masts, those torpedo tubes, and those elegant captain's bridges that adorn Gustav Peichl's land-logged battleships near the Festung Hohensalzburg?» I was referring to one of his earliest hi-tech radio stations.

Since that time, I have come to know Peichl quite well, and I now understand that this serious-looking professor at the Otto Wagner School is an exceedingly witty gent. Those battleships are serious architecture of course – very much so in fact – but they are also full of fun; not ironies to put down those of us too stupid to get the point, but witty commentaries on the world around us, lest we take life just a little too seriously.

How can you tell? You can't – unless you are in on Peichl's secret. For professor Gustav Peichl, as his Austrian friends know, leads a double life: most of the time he is the Herr Professor at the Akademie der Bildenden Künste, – as well as the recipient of too many prizes, awards and golden medals of honor to list here or anywhere else. But some of the time, once on every day of the week, Herr Professor

Hohensalzburg fest verankerten Schlachtschiffe zieren?» Ich bezog mich dabei auf eine seiner frühesten High-Tech-Rundfunkstationen.

Seitdem lernte ich Peichl immer besser kennen, und ich weiß nun, daß dieser sehr ernstaussehende Professor an der Otto Wagner-Schule ein äußerst witziger und geistreicher Herr ist.

Die besagten Schlachtschiffe sind natürlich ernstgemeinte Architektur – dies sogar in hohem Maße – aber sie stecken auch voller Witz und Pfiffigkeit; sie stellen nichts Ironisches dar, um uns als zu dumm und unverständlich abzukanzeln, sondern sie sind witzige Kommentare über die Welt um uns herum, da wir das Leben einfach etwas zu ernst nehmen.

Wie kann man so etwas behaupten? Man kann es nicht, außer man ist in Peichls Geheimnis eingeweiht. Denn Professor Gustav Peichl führt ein Doppelleben, wie seine österreichischen Freunde wissen: die meiste Zeit über ist er der Herr Professor an der Akademie der Bildenden Künste – genauso wie er der Empfänger von so vielen Preisen, Anerkennungen und goldenen Ehrenmedaillen ist, daß es unmöglich wäre, sie hier oder anderswo alle aufzulisten.

Aber manchmal, einmal pro Tag unter der Woche, wird Herr Professor Peichl zu «Ironimus» – ein höchst populärer und unterhaltsamer politischer Karikaturist, dessen Zeichnungen über die letzten Jahrzehnte hinweg in der Wiener Presse und in anderen Zeitungen erschienen sind, wo sie die Politiker provozieren und die Wähler amüsieren. Es ist durchaus möglich, daß Ironimus der beste politische Karikaturist Österreichs, wenn nicht sogar Europas ist.

Die bloße Vorstellung, daß dieser äußerst ernste Architekt eine Art Doppelgänger ist, mit einem geheimen Leben als ein von Berufs wegen lustiger Mensch, macht auf mich einen wunderbaren Eindruck. Die meisten der besseren Architekten unserer Zeit, sprechen wir es ganz offen aus, sind nicht berühmt geworden wegen ihres Witzes; tatsächlich waren einige der besten entsetzlich langweilig. Bei Peichl ist dies entschiedenermaßen nicht der Fall.

Anlässlich seiner Ausstellung werden wir alle seine eleganten Schlachtschiffe genießen können – die glänzenden Torpedoausstoßrohre, die ca. 50-stockwerkhohen Zwillingszylinder, die sich in Wien-Donaustadt erheben sollen: jene tadellos strukturierten Zwillingsschornsteine, die letzten Endes aus einem Wettbewerb mit einigen der bekanntesten Architekten unserer Zeit – Isozaki, KPF, Gregotti, Rogers und andere – als Sieger hervorgingen.

Wenn die «Donauzwillinge» gebaut werden, wird das kleine Österreich bereit sein, in die hohe See zu stechen, mit oder ohne Hafen, mit oder ohne Marine. Und es werden auch keine Zerstörer als Begleitschiffe benötigt werden; mit Peichls Phosphatentsorgungswerk in Berlin-Tegel, welche 1985 fertiggestellt wurde, existiert bereits ein elegantes Begleitschiff, komplett mit allem, was nötig ist, wie Bullaugen, Kommandobrücken und einem seetüchtigen Programm. Rettungsboote jedoch gibt es nicht. Ich vermute, Peichl – Pardon, Ironimus – ist ein Mensch mit höchster Zuversicht.

Peichl becomes «Ironimus» – a hugely popular and entertaining political cartoonist whose drawings have appeared in the Vienna Presse and other newspapers over the past several decades, raising hell with politicians and amusing the voters.

It may well be that Ironimus is the best political cartoonist in Austria, if not in Europe. Unhappily for those of us who cannot and will never understand the byzantine intricacies of Austrian politics, some of his most intriguing cartoons are beyond our comprehension, but the very idea that this exceedingly serious architect is a sort of doppelgänger, with a secret life as a professionally funny man, strikes me as quite wonderful. Most of the better architects of our time, let's face it, have not been famous for their wit; in fact, some of the best ones have been excruciatingly boring. Peichl, decidedly, is not.

On the occasion of his exhibition, all of us will be able to enjoy those elegant battleships of his – those shining torpedo tubes, those twin cylinders, some 50 stories tall, that are expected to rise in Wien-Donaustadt. These twin funnels, impeccably structured, won out in a competition over some of the best known architects of our time – Isozaki, KPF, Gregotti, Rogers and others. When those «Danube Twins» are built, little Austria will be ready to steam out to the high seas, port or no port, navy or no navy. And they won't need any destroyer escort either; Peichl's phosphate elimination plant in Berlin-Tegel, finished in 1985, is a very sleek escort vessel, complete with portholes, bridges and a seaworthy plan. No lifeboats, though. I guess Peichl – pardon me, Ironimus – is a man of supreme confidence.

G. P. 1990–1996

Eine Beschreibung von Walter Zschokke

Die zeitgenössische Sicht auf das Schaffen eines Architekten, ausgedrückt in schriftlicher Form, heißt einen Schnitt durch das Material legen, der neben seiner zeitlichen Bestimmung mittelbar über den Standort des Betrachters und Schreibenden die Richtung erhält. Die Auseinandersetzung mit den Projekten Gustav Peichls aus den vergangenen fünf Jahren ist daher subjektiv geprägt und bestimmt von der Unmöglichkeit einer objektivierenden, zeitlichen Distanznahme, da der Schreibende gleichzeitig und in derselben Stadt im Strom der Ereignisse mitgetragen wurde. Da es sich bei Wien um eine große Stadt handelt, bedurfte es einer bewußten Annäherung, kann man sich doch in einer Stadt dieser Größe absichtslos und ohne besondere Anstrengung – und auch ohne daß es auffällt – aus dem Weg gehen. Diese Ungezwungenheit und das breite Angebot an historischen und zeitgenössischen Architekturströmungen zeichnen das Wien der neunziger Jahre aus. In diesem fruchtbaren Klima haben die Arbeiten Gustav Peichls, die er zusammen mit seinem Partner Rudolf F. Weber in seinem Atelier entworfen hat, insofern Bedeutung, als sie einer nachvollziehbaren Spur folgen, die in den jüngsten Jahren an Prägnanz gewonnen hat.

Die Krise der Moderne, deren Auswirkungen auch im Schaffen Gustav Peichls zu erkennen waren, scheint überwunden. Die von den Vertretern der Postmoderne ausgeführte Kritik – soweit sie tiefer gehende Aspekte betraf – und neu dazu gewonnene Erkenntnisse wurden angenommen und in zeitgenössische Bauwerke umgesetzt. Diese Bauten sind nach wie vor modern, ihr Ausdruck ist aber jener Neigung zum Dogmatismus nicht erlegen, die der Moderne von Anfang an inhärent war und bis heute da und dort aufscheint.

Architektur als Verfahren

Obwohl zur Holzmeisterschule zählend, ist Gustav Peichl ein Vertreter der rationalen Moderne, die in Österreich wenig entwickelt war und nur einzelne Exponenten kennt. Seine Entwürfe entstammen einer gründlichen Durcharbeitung der funktionellen Zusammenhänge und sind sorgsamst durchkonstruiert. Die handwerkliche Seite der Architektur, das «Verfahrensmäßige» bildet das Grundgerüst seiner Gebäude. Die Bauwerke erfordern keine erklärenden Entschuldigungen, keine mit dem Vorsatz: «Wenn man bedenkt ...» beginnenden Legitimationen. Sie stehen selbstverständlich da und stimmen zuerst einmal in architektenhandwerklicher Hinsicht. Doch bei weiterer Betrachtung stellt man fest, daß in einer Art zweiter Lesung der Entwurf hier gespannt und dort eher komprimiert wird. Bestimmte Ansätze werden verstärkt, andere zurückgenommen. Obwohl oft in polarisierender Hinsicht vorangetrieben, überbordet diese Schärfung kaum, wird das Primat der Gründlichkeit nicht relativiert. Da wird nicht schon

G. P. 1990–1996

A Descriptive Essay by Walter Zschokke

When the work of an architect is to be written about by one of his contemporaries, this means creating a cross-section of the architectural oeuvre whose bias is defined not only by chronology, but also indirectly by the standpoint of the writer and observer. My own relation to the works of Gustav Peichl over the past five years is largely subjective and invariably circumscribed by the impossibility of establishing absolute distance and objectivity, since the writer was and is equally influenced by the course of events at the same time and in the same city. Vienna is a big city, after all, and so there is a certain distance that must be overcome, since it is entirely possible, in a city like this, to avoid someone else without especially intending to do so – or without such avoidance appearing particularly conspicuous. It is this informality, as well as the wide range of historical and contemporary architectural contexts, that characterize Vienna of the 1990's. In this fertile climate the works of Gustav Peichl, which he designed along with his partner Rudolf F. Weber and his bureau, have special significance insofar as they follow a clear and comprehensible path, one that has only gained in intensity in recent years.

The crisis of modernism, whose effects could also be detected in the work of Gustav Peichl, seems to have been overcome. The critique made by the representatives of post-modernism – insofar as it concerned deeper aspects – and knowledge newly gained about it were accepted and transformed into contemporary buildings. These buildings remain modern, yet their expression has not succumbed to that dogmatic tendency that was always inherent in modernism and which still makes itself felt from time to time.

Architecture as Process

Although he is considered a member of the Holzmeister School, Gustav Peichl in fact represents the rational modernism that was not as strongly developed in Austria and which has left behind only a few examples in the country. His designs are carefully thought-out, the result of a thorough study of functional relationships. The handiwork side of architecture, its «process-like quality», forms the basic framework of his buildings. The buildings require no explanatory excuses, and none are based on a legitimizing argument that begins «if one considers....» They stand there without self-consciousness, entirely correct in respect to architectural craftsmanship. Yet upon further examination one notices that the plan is somewhat compressed here and there, as if it had been subjected to re-interpretation along the way. Certain approaches are intensified, others revoked. Although often pursued in a polarizing way, this intensification is not at all overwhelming, since it never relativizes the primacy of thoroughness. Here form is not being exploited in the interest of a cult of genius. The forms are what they are and do not pretend to signal any additional meanings. The calming clarification that marks the most recent works of Gustav Peichl makes them more serious and yet also more approachable. Although less eloquent, the architectural statement become easier to understand. Whether it may be a facade covered

mit den Formen Geniekult betrieben. Sie sind was sie sind, wollen darüber hinaus nicht noch mehr Bedeutung signalisieren. Die beruhigende Klärung, welche die jüngsten Werke Gustav Peichls erfaßt hat, macht sie ernsthafter und doch nahbarer. Obwohl weniger beredt, wird ihre architektonische Aussage verständlicher. Ob dies nun eine steinverkleidete Fassade ist, wie beim EVN-Forum, deren disziplinierte Unregelmäßigkeit der schweigenden Wandfläche Ausdruck gibt, oder ob es die Konzentration auf die stereometrische Zylinderform bei den beiden Hochhäusern vor der UNO-City, den Donau-Zwillingen ist. Die eindeutige, geometrisch bestimmte Großform umschließt übersichtlich organisierte Grundrisse.

Geometrie

Le Corbusier, mit dem sich auseinanderzusetzen einem Architekten dieser Jahrhunderthälfte kaum erlassen wird, hat – mit Blick auf das antike Rom – geometrische Grundkörper der Architektur herausgezeichnet: Zylinder, Kugel, Pyramide, Prisma und Würfel. Eine ähnliche Ausstrahlung scheint auch für Gustav Peichl von diesen Formen auszugehen. Spielerisch fügt er der Familie der fünf stereometrischen Körper Le Corbusiers den spitzen Kegel, das Achteckprisma, die steile Rampe oder den Keil und natürlich alle Teilkörper wie Viertelzylinder, Kegelstumpf usw. hinzu. Die Faszination des reinen Körpers, ob als Großform oder als Teilform oder gar als angefügte, aber autonome Kleinform bleibt gewahrt. Das Achteckprisma des Wilhelm-Busch-Museums, die Zylinder der Donau-Zwillinge, die Tonnendächer über der Pausenhalle der Wienerberg-Schule oder über den Hallen der Probebühne des Burgtheaters, die spitzen, kegel- oder pyramidenförmigen Oberlicht-Aufsätze, die Viertelzylinder als Signal für den Eingang: alle sind sie in derselben Weise zeichenhaft verwendet. Die elementaren Formen dienen als Komponenten der Gesamtkonzeption. Die Gebäude sind wie mit einem riesigen Froebel'schen Baukasten agglomeriert.

Elemente

Das Aneinanderfügen geometrischer Körper wird überlagert mit der Kombination von Gebäudeteilen, die so oder ähnlich bei manchen Bauwerken wieder auftreten: der Viertelzylinder als Windfang und Eingangssignal, das Treppenhaus mit Oberlichtpyramide oder -kegel, die schmale Treppenrampe usw. werden wie Programmbausteine kombiniert, wobei sie typologisch gleich sind, im konkreten Entwurf mit fortschreitender Planung aber den spezifischen Bedingungen der Aufgabe angepaßt werden, ohne jedoch ihre Erkennbarkeit zu verlieren. Dieses Vorgehen vermittelt manchen Entwürfen nahezu kindliche Einfachheit, die aber durch die baulich-konstruktive Verwirklichung wieder kompliziert wird, weshalb sie durchaus poetisch erscheinen. Beim Blick über die vierzehn Projekte und Bauten erkennt man da eine reichere Instrumentierung, dort aus Gründen der Sparsamkeit eine Reduktion auf wenige Elemente, die aber, wie bei der Wienerberg-Schule, für das Bauwerk immer noch identitätsstiftend sind.

with stone cladding, such as the EVN Forum, whose disciplined irregularity gives expression to the silent surface of the wall, or the concentration on the cylindrical form in the case of the Donau Zwillinge, the twin high-rise buildings in front of UN City. The clear, geometric, large-scale form encloses distinctly organized floor plans.

Geometry

Le Corbusier, whose legacy must be confronted by every architect in this half of the century, once listed and recorded (in the context of ancient Rome) the basic geometric volumes of architecture: cylinder, cone, pyramid, prism and cube. Gustav Peichl seems to discover a similar attraction in these clear and immediately recognizable forms. To the five stereometric volumes of Le Corbusier he playfully adds the pointed cone, the octagonal prism, the acute ramp or wedge, and naturally all sub-forms, such as quarter cylinders, truncated cones and so on. The fascination of the pure volume, whether as a large form, a partial form, or even an attached but autonomous small form, is preserved. The octagonal prism of the Wilhelm Busch Museum, the cylinders of the Donau Zwillinge, the barrel vault roofs over the recess area of the Wienerberg School or the halls of the Burgtheater Rehearsal Stage, the pointed, cone-shaped or pyramidal skylights, the quarter-cylinders as the signal for an entrance – all this is shown in the same symbolic way analyzed by L.C. in his sketch of ancient Roman architecture. The elementary forms are used as components of the overall conception. As if he were using a giant set of Froebel building blocks, Peichl creates buildings that are agglomerations – yet even here the metaphor is merely suggested, never overdone.

Elements

The connection of geometric volumes is overlaid by the combination of building sections that recur again and again, in identical or similar form, in several works: the quarter-cylinder as draft preventer and entrance signal, the stairwell with pyramidal skylight or cone and the narrow stairway ramp, etc., are combined by Peichl like "tools" or subroutines. At the same time, of course, they are truly identical only in their typological abstraction; in the concrete design, as planning goes on, Peichl always adapts them more closely to the specific conditions of their tasks without ever sacrificing recognizability. This approach gives some of his plans a virtually childlike simplicity, which is then complicated again by their structural and architectural realization, thus making them appear thoroughly poetic and not at all crude. When looking at the fourteen projects and buildings one can discern a richer set of means in one place, a reduction to very few elements (for reasons of economicality) in another; whatever the choice, it always contributes – as in the case of the Wienerberg School – to the identity of the building. His use of simple stereometric volumes brings Gustav Peichl into the tradition of classicism, which, as Viennese premodernism, remains linked with the names of Adolf Loos and Josef Hoffman, and also with modernism itself. In classical arrangements the question of symmetry is never far away, whether axially or centrally symmetrical, as well as the question of whether one should submit uncritically to the dominating principles in the facade or in the floor plan or perhaps, instead, try to outfox them a bit.

Mit der Verwendung der einfachen stereometrischen Körper stellt sich Gustav Peichl in die Tradition der Klassik, die in Wien als Vormoderne, verbunden mit den Namen Adolf Loos und Josef Hoffmann, zugleich mit der Moderne verknüpft bleibt. Bei klassischen Ordnungen ist die Symmetriefrage nicht fern, ob axial- oder zentralsymmetrisch, immer stellt sich die Frage, ob den herrischen Prinzipien in der Fassade oder im Grundriß unkritisch stattgegeben wird, oder ob ihnen nicht da und dort ein Schnippchen geschlagen werden kann.

Ordnung und Symmetrie

**Zahlreiche Bauten von Gustav Peichl profitieren von der klaren Erschließungsstruktur, die eine symmetrische Ordnung gewährleisten kann. Sie zeigt sich bei den Schulen, den Theaterbauten und am EVN-Forum. Die symmetrische Organisation im Grundriß ist zunächst einmal ein Ordnungsprinzip, das ein vorausschauendes Begehen und Benützen des Gebäudes erlaubt. Doch schon im nächsten Schritt werden Elemente gesetzt, die aus der großen Ordnung ausscheren, wie etwa die autonomen Volumen der Schuldirektion oder Annexbauten wie Zugänge und Aufbauten. Oder aber die beiden Flügel einer Anlage sind zwar ähnlich, ungleich groß, so wie bei der Wiener Probebühne im Arsenal. Damit werden die Möglichkeiten einer optimalen inneren Organisation, einer guten Orientierbarkeit und Übersicht, wie sie die Symmetrie bietet, mit der identitätsstiftenden Kaft von Systembrüchen auf einer tieferen Maßstabsebene verbunden. Es kann daher kaum zu Verwechslungen der Seiten kommen, weil deutliche Zeichen noch im Konzept die Unterscheidbarkeit sicherstellen. Diese Haltung ist vielleicht noch nicht gegenklassisch, aber vor allem ist sie nicht akademistisch. Sicher ist sie zunächst einmal auch pragmatisch, doch verweist sie darüber hinaus auf das irrationale architektonische Wesen eines Gebäudes. Bei den Fassaden ist sehr oft eine prinzipiell symmetrische Ordnung zu finden, auch wenn die Öffnungen funktional auf die dahinterliegenden Räume und Nutzungen bezogen sind. Ein deutlicher Unterschied, etwa in den Seitenansichten bei Bauköpern mit einer symmetrischen Stirnfassade, wie beispielsweise dem EVN-Forum, durchbricht alsbald die Symmetrie und macht von innen den unterschiedlichen Charakter der Seitenfassaden deutlich. Ein wenig anders verhält es sich bei der Wienerberg-Schule, wo nur die kleinen, entfernt liegenden, äußeren Fenster der breitgelagerten Stirnfassade verschieden sind. Der mittlere Eingang und die darüber befindliche Schar der Fenster vor der Pausenhalle zentrieren diese Fassade sehr stark. Aber die beiden kleinen Fenster, eines hochformatig, das andere quer, verleihen ihr einen Silberblick. Die kleine Unregelmäßigkeit wird mehr erahnt als erkannt, so bleibt die Spannung aufrecht, trotz bescheidenster ökonomischer Mittel.
Es fällt auch auf, daß Symmetrien oft auf einer geraden Zahl Elemente und auf einer unbetonten Mitte aufbauen. Auch sind nicht selten zwei oder mehrere Fenster nahe zusammengerückt, so daß sie als Untergruppe wirken. Sie erhalten damit im Fassadenkonzept mehr Gewicht, ziehen den Blick**

Order and Symmetry

Many buildings by Gustav Peichl profit from the clear access structure that can be supported by a symmetrical design. This is particularly obvious in the case of the schools, the theater projects and the EVN Forum. The symmetrical organization in the floor plan is at first merely a principle of order planned in advance for easy access and use. Yet the next step already includes elements that depart from the larger order (such as the autonomous volumes of the school director's office or annex buildings as well as the entrances and rooftop elements); or perhaps the two wings of a complex are similar yet different in scale (as with the rehearsal stage in the Vienna Arsenal). This connects the advantages of optimal inner organization, namely good comprehensibility and aids to orientation, as offered by symmetry, with the individualizing force offered by violations of the same system on a lower level of scale. For this reason it is virtually impossible for an onlooker to confuse the sides of the buildings, because clear signs guarantee differentiation even on the most basic level of the plan. This attitude does not necessarily run at odds to classicism, but above all else it is not academic. It is certainly pragmatic, yet it also points beyond pragmatism to the irrational architectural essence of a building. The onlooker can often detect a fundamentally symmetrical order in Peichl's facades, even if the openings are functionally related to the rooms and uses located behind them. A clear difference, for example in the side elevations of built volumes with symmetrical front facades, such as the EVN Forum, soon breaks through the symmetry and makes the various characters of the side facades clear from within – this in contrast to the Wienerberg School, where the small, distant, outer windows of the broad main facade are different. The middle entrance, and the swarm of windows in front of the recess area that lies behind it, give this facade a strong center. Yet the two small windows, one tall, the other crosswise, give it a slight squint. The slight irregularity is felt more than consciously perceived, and this maintains the tension, despite the most modest of funds. The facade remains interesting even at second glance, which would have not been the case with a less inspired arrangement. It is also conspicuous that Peichl's symmetries often build upon an even number of elements and an unstressed center. Frequently two or more windows are pressed close together to form a sub-group. They thus obtain more weight in the facade, draw attention to themselves and create a differentiating potential. These compositional rules are old but hardly anyone makes conscious use of them today. They do allow, however, a facade to be placed under tension with minimal resources, even if it consists only of a flat wall with precisely set and proportioned openings.

Wall and Opening

The wall is dominant in many buildings by Gustav Peichl. The openings are cut into the wall surface like holes, which is usually stuccoed and subdued. Exceptions are the curtain-wall towers of the ÖMV Project and the Donau Zwillinge, the ORF Regional Studios in St. Pölten, where a layer of lamellas in front of the glass facade are mounted as screens and sunshades, and the Wilhelm Busch Museum, which is clearly recognizable as a pre-fabricated building like the rooftop structures on the rehearsal building of the Münchener

auf sich und schaffen ein Differenzierungspotential. Diese kompositorischen Regeln sind alt, werden aber heute kaum bewußt verwendet. Sie erlauben aber, mit wenig Aufwand eine Fassade in Spannung zu versetzen.

Wand und Öffnung

Bei vielen Bauten Gustav Peichls herrscht die Wand vor. Die Öffnungen sind als «Loch in der Mauer» in die zumeist glatt verputzte und schweigende Wandfläche eingeschnitten. Sie sind meist quadratisch oder hochrechteckig und schlank, etwa als Fenstertüren ausgebildet. Eher selten wird eine großflächige Öffnung mit einer Glaswand geschlossen, etwa beim EVN-Forum. Quadratform und schlanke Rechteckproportionen entstammen unter anderem der Wiener Jugendstilzeit. Sie erlauben, in der Bildwirkung einer Fassade ein starkes Spannungsverhältnis aufzubauen. Quadrat oder gar Kreisform betonen die Autonomie in der Beziehung der Öffnung zur Wand. Das schlanke Hochformat des französischen Fensters, regelmäßig zu einer Gruppe gereiht, wie die Buchstaben in einem gesperrten Wort, bildet dagegen eine komplexe Ordnung: einerseits steht jede Öffnung für sich, weil rundherum genügend Mauerfläche verbleibt; andererseits bilden sie eine geordnete Gruppe und treten somit zur Gesamtfassade doppelt in Beziehung. Durch örtliches Zusammenrücken können sich lokale Symmetrien heranbilden, die Öffnungen gehören sowohl der einen, als auch einer anderen Subgruppe an, wie dies in der Ansicht von der Falckenbergstraße der Münchner Kammerspiele ersichtlich ist. Die Überlagerungen von Ordnungsansätzen, die einander unterschwellig konkurrenzieren, verleihen der Fassade jene Spannung des Mehrdeutigen, die je nach dem, wovon das Auge ausgeht, verschiedene Lesarten zuläßt. Die genannten Ordnungsansätze sind nicht stur zu Ende geführt, sondern oszillieren zwischen «Reihung», «Symmetrie» und «Polarisierung», so daß der Anblick kaum langweilig wird.

Raum, Räume, Raumfolgen

So wie das Äußere der Baukörper von klarer stereometrischer Form ist, sind auch die meisten Innenräume von exaktem geometrischem Zuschnitt. Das Raumvolumen besteht aus eindeutigen Körpern, die vielleicht durchdrungen sind von einem weiteren, virtuellen Körper, gebildet aus einfallendem Licht oder aus mehreren übereinanderliegenden Deckenöffnungen. Doch herrscht Entschiedenheit vor: Gänge sind eng, Hallen sind weit, Erschließungen verlaufen direkt. Dabei wird in wichtigen Räumen der Gestaltung der Decke als sechster Begrenzungsfläche wesentliche Bedeutung beigemessen. Ein flaches Tonnendach gibt einer Pausenhalle Luft (Wienerberg-Schule), Perlenschnüre aus Deckenstrahlern evozieren Himmel ohne platte Analogien, und Stützenstellungen entlang einer Deckenöffnung (EVN-Forum) verstärken die Ambivalenz der Raumdurchdringung oder Schachtelung.
Einen speziellen Raumtyp finden wir beim abgesenkten Garten zwischen den Hallen der Probebühnen im Wiener Arsenal. Er ist oben offen, nur überwölbt von einem luftigen

Kammerspiele, whose base, however, once again assumes the form of a square volume with massive walls. Openings are usually square or rectilinear and narrow, like French doors. Ventilation openings usually appear as thin, crosswise slits. Somewhat more rare is the large-scale opening with a glass wall, as in the case of the EVN Forum. The square form and the slim rectangular proportions derive, among other sources, from the Vienna Jugendstil period. They enable creation of a strong sense of tension in a facade. Square or even circular shapes emphasize the autonomy in the relationship of the opening to the wall. In contrast, the slim vertical format of the French doors, joined together in regular groups like the letters in a boldface word, forms a complicated arrangement: on the one hand each opening stands for itself because there is enough wall space around it; on the other they form an ordered group, thus establishing a doubled relationship to the entire facade. Pushing some of them together at certain points can form local symmetries; the openings belong simultaneously to several subgroups, as can be seen in the elevation of Münchener Kammerspiele viewed from Falckenbergstrasse. The layering of systems of order that stand in subtle competition to each other lend the facade that tension of ambiguity that allows different readings depending on what the eye assumes. The systems of order mentioned above are not rigidly pursued to their extreme but rather oscillate between rows, symmetry and polarization, so that the view almost never becomes boring.

Space, Spaces, Succession of Spaces

Just as the outsides of the built volumes have clear stereometric forms, most of the interior spaces are also precisely geometric. The spatial volume consists of unambiguous volumes that maybe are sometimes penetrated by an additional virtual body formed by incoming light or several ceiling openings stacked on top of each other. Yet decisiveness predominates: corridors are narrow, halls broad, access paths direct. In important spaces priority is given to the design of the ceiling as the sixth limiting surface. A flat vaulted roof gives a sense of spaciousness to a recess area (Wienerberg School), strings of pearls from ceiling lights evoke heaven without crude analogies, and columns placed along a roof opening (EVN Forum) intensify the ambivalence of the interpenetration or interleaving of space.
A special type of space is presented by the sunken garden between the halls of the rehearsal stages in the Vienna Arsenal. It is open to the top, covered only by an airy ceiling of treetops. The windows of the intermediate facade and the facade from the hall make it clear that this court is an outdoor space, yet the definition of space conveys a different message. Although the garden is lowered by two floors, the visitor standing on the grassy floor has no sense at all of being located in a pit, but rather of standing in a patio surrounded by firewalls. The consciously rhythmic treatment of a sequence of spaces in the top floor of the EVN Forum is clear in its meaning. Emerging from the elevators or coming up the stairs, the visitor arrives at the starting point, the rear end of the top-floor central corridor that extends to the front of the trumpet-shaped volume. The first widened area, which is shaped like a square, has a round hole in the center of the floor with a skylight in the ceiling above. The visitor can look through the round hole in the floor into the entrance hall and the sub-storey. Yet the hole also blocks the walking line along the corridor axis without impeding

Geflecht aus Baumkronen. Die Fenster der Fassade machen klar, daß es sich bei dem Hof um einen Außenraum handelt, doch die räumliche Definition sagt etwas anderes. Obwohl er zwei Geschosse eingetieft ist, entsteht beim Betrachter, unten auf dem Rasengrund stehend, keineswegs der Eindruck, sich in einer Grube zu befinden, eher hat man das Gefühl, in einem von Feuermauern begrenzten Lichthof zu stehen.

Die bewußte Rhythmisierung einer Raumfolge ist im Obergeschoß des EVN-Forum nachvollziehbar: Über die Aufzüge oder die Treppe gelangt man in den obergeschossigen Mittelgang, der sich in dem trompetenartig sich öffnenden Baukörper nach vorn zieht. In einer ersten Ausweitung von quadratischem Zuschnitt liegt in der Mitte eine runde Bodenöffnung, über der sich ein Oberlicht befindet. Durch das kreisförmige Loch kann man in die Eingangshalle und auf das im Untergeschoß liegende Foyer blicken. Es sperrt aber zugleich die direkte Gehlinie in der Gangachse, ohne den Blick zu verlegen. Ein weiteres kurzes Gangstück schließt an, gefolgt von einer neuerlichen, ebenfalls quadratischen Raumausweitung. Auch sie erhält Licht von oben durch eine mittig liegende, runde Öffnung. Von diesem kleinen Foyer sind Seminarraum, Sitzungsraum und Sitzungszimmer zugänglich, sowie – über eine einladende Treppe – der Dachgarten. Die beiden großen Seminarräume im breiten Gebäudeabschluß werden je durch seitliche Fensterwände erhellt, so daß diese Querorientierung, die durch drei breite Verbindungstüren in der Zwischenwand noch betont wird, die vom Mittelgang und dem sich ausweitenden Gebäude initiierte Dynamik in Längsrichtung bremsend abschließt. Immer wieder wird mit den Vertikalbezügen auf andere Ebenen im Gebäude Bezug genommen, und aus einem Teilbereich heraus ein Blick in die Gesamtzusammenhänge möglich gemacht.

Vertikale Entwicklungen

Obwohl heutzutage Besucher und Beschäftigte meistens einen Aufzug benützen, um in die oberen Geschosse eines Gebäudes zu gelangen, erlaubt eine Treppe ein breiteres Spektrum an räumlichen Erfahrungen. Mit einer differenzierenden Steuerung des Lichteinfalls entstehen spezielle Effekte und «Lichträume». Derartige vertikale Raumentwicklungen finden sich bei vielen Bauten von Gustav Peichl, und da sie meist sehr zentral im Grundriß liegen, treten sie auch wesentlich in Erscheinung. Da ist der Stiegenaufgang im ORF St. Pölten, über dem sich ein Zylinder aus Glasbausteinen erhebt, der im Eingangsfoyer für Licht sorgt.

Auch in der Städelschule finden wir einen über drei Geschosse reichenden, von einer Oberlichtpyramide erhellten Verteilraum. Die Treppen verlaufen an einer anderen Stelle im Gebäude, so daß der turmartige Raum, der von rundumlaufenden Galerien in jedem Geschoß eingeschnürt wird, nur dem Lichteinfall und den diagonalen Blickbeziehungen von Geschoß zu Geschoß dient.

Besonders luftig ist der zentrale, über vier Geschosse durchgehende Erschließungsraum im Gebäude der Probebühnen des Burgtheaters im Arsenal. Hier verlaufen die Zugänge zu den anschließenden Räumen auf Laubengang-ähnlichen Stegen.

the view. Next comes another short corridor, followed by yet another rectangular widening. This space also receives light from above through a central round opening. Seminar room and conference rooms are also accessible from this small foyer, as well as – via an inviting stairway – the rooftop garden. The two big seminar rooms in the final wide space of the building are brightened by two walls of windows on either side, with the effect that this crosswise orientation, given extra emphasis by three wide connecting doors in the intermediate wall, brakes and concludes the longitudinal dynamic initiated by the central corridor and the ever-widening building. The openings in the ceiling also create spatial vertical references to the entrance hall and the rooftop garden. Again and again these vertical references are used to refer to other levels in the building, and a view into overall contexts is made possible from a sub-space.

Vertical Developments

Although visitors and employees today usually use elevators to reach the upper floors of a building, stairways allow for a wider range of spatial experiences. Sophisticated control of the influx of light can produce special effects and «light spaces.» Vertical spatial developments of this type can be found in many buildings by Gustav Peichl, and since they usually occupy central positions in the floor plan, they also have a pronounced effect. Here, for example, is the straight-run stairway in ORF St. Pölten, covered by a cylinder of glass bricks that fill the entrance foyer with light. It is easy to imagine the spatial experience of climbing up into this circular light space. The Städelschule also has a circulation area rising through three stories and illuminated by a skylight pyramid. The stairways run together at a different spot in the building, so that the only purpose of the tower-shaped space, bound together by circumferential galleries on each floor, is to promote the influx of light and the diagonal views from floor to floor. Especially airy is the central access space that cuts through four storeys in the building of the Burgtheater rehearsal stages in the Arsenal. Here one approaches the following rooms on gallery-like catwalks. A large rectangular prism is opened up in the center with narrow stairways cutting through it. Walking on the levels of these stairways is experienced as a multiple exposition: someone moving diagonally through the open space, whether ascending or descending, is optimally exposed to the view of onlookers standing in the side galleries. With the rehearsal stage for the Vienna Burgtheater this can come as no surprise, for here actors and directors are confronting each other in order to find the best effect for presentation to an audience. The stairwell is thus also a subtle commentary on the specified use of the building. Here we see the active intent that often underlies Peichl's designs. He expects the users of his buildings not to indulge in false modesty, and to use the offered architectural possibilities of the stage of life fully, actively and informally.

Rooftop Landscapes

It is an old postulate of modernism that roofs should be made accessible and thus usable. Gustav Peichl goes somewhat farther when he often transforms his rooftop terraces into gardens, which he shapes into landscapes where the various rooftop structures such as skylight pyramids, stairway doors and elevator constructions all serve as

In der Mitte bleibt ein großes rechteckiges Raumprisma durchgehend offen, das jeweils von den schlanken Stiegenläufen schräg durchzogen wird. Das Gehen auf den Stufen dieser Stiege wird als mehrfache Exposition erlebt: Man bewegt sich diagonal durch den offenen Raum, ob aufwärts steigend oder abwärts schreitend, und ist für die Blicke der auf den seitlichen Galerien befindlichen Personen optimal ins Bild gesetzt. Bei der Probebühne für das Wiener Burgtheater kann dies nicht verwundern, denn hier konfrontieren sich Schauspieler und Regisseure, um für die Vorstellung vor Publikum nach der besten Wirkung zu suchen. Das Stiegenhaus ist somit auch ein subtiler Kommentar zur vorgesehenen Nutzung des Gebäudes. Daran zeigt sich das offensive Moment, das Peichls Entwürfe aufweisen können. Er erwartet, daß die Benützer keine falsche Bescheidenheit vorschützen, daß sie präsent, unverkrampft und aktiv die gebotenen architektonischen Möglichkeiten als Bühne des Lebens nutzen.

Dachlandschaften

Es ist ein altes Postulat der Moderne, das Dach begehbar und damit nutzbar zu machen. Gustav Peichl geht insofern etwas weiter, als er die Dachterrassen oft zu einem begrünten Garten ausbildet und diesen zu einer Landschaft gestaltet, in der die verschiedenen Dachaufbauten wie Belichtungskegel und -pyramiden, Treppenaufgänge und Liftaufbauten, als abstrakte geometrische Formen, Teile der künstlichen Landschaft sind. Peichls Dachgestaltungen sind daher zugleich kleine Architekturgärten. Dabei müssen keine Formen erfunden werden. Die aus funktionalen Gründen vorhandenen Körper werden geometrisch geklärt und erfüllen die praktisch-architektonische Doppelfunktion. Über den kleinen Maßstab hinaus ist dagegen das Dach über dem Bühnenhaus des Theaters in Gütersloh als «Hügel» gestaltet, in den die Zuschauerrampe für die Freiraumbühne eingebettet liegt. Aber auch als Sitzplatz für Sonnenhungrige und Ruhesuchende in der Mittagspause bietet sich die gestufte Anlage an.

Konzeption

**In den meisten Fällen liegen den Entwürfen eigenständige, klare Baukörper zugrunde, die mit dem umgebenden Bestand über Kennmaße, wie beispielsweise die Höhe der Traufkante, in Beziehung treten. Oft sind die Bauvolumen freigestellt und verfügen über die autonome Wirkung eines Zentralbautyps, wie der Entwurf für das Wilhelm-Busch-Museum, wo die Beziehung zum barocken Haupthaus mit einem frei schwingenden Glasgang nur schwach gebunden ist.
Obwohl jeweils der Objektcharakter im Vordergrund steht, verweigern die Bauobjekte keineswegs den architektonischen Dialog mit der Nachbarschaft. Ein ausgesprochener Glücksfall war in dieser Hinsicht das Theater in Gütersloh, wo in Bauplatznähe ein denkmalgeschützter Wasserturm steht. Auf den ersten Blick könnte man meinen, er sei zeitgleich mit dem Theater entworfen, so harmonisch ist die Beziehung der runden Baukörper aufeinander abgestimmt. Der unten konisch**

abstract geometric forms, parts of the artificial landscape. Peichl's rooftop designs are thus small architecture gardens in which the elements that inhabit the flat roof assume a function similar to that of the «follies» or «fabrics» in the baroque gardens of the eighteenth century. Here no new forms need to be invented. The bodies existing for functional reasons are geometrically clarified and fulfill two functions at once, architectural and practical. Departing from the smaller scale, the roof of the stage building of the theater in Gütersloh is shaped as a «hill.» The slanting seating area for the audience of the open-air stage is imbedded in the hill's side, almost like a Greek theater. Yet the terraced structure also offers space for everyday use, offering places to sit for sunbathers and those relaxing during lunch breaks.

Strategy

In most cases the designs are based on clear and independent volumes that relate to the surrounding buildings only in size and dimensions, such as the eaves height. Often the built volumes are even completely isolated and have the distinctly autonomous effect of a central built type, such as the design for the Wilhelm Busch Museum, where the relationship to the baroque main building is weakly established by a freely curving glass passage. Although it is the object character that stands in the foreground in each case, the built objects are not mute and by no means refuse architectural dialogue with their surroundings. A particularly successful case in this respect was the theater in Gütersloh, where a protected architectural landmark, a water tower, is located close to the building site. The relationship of the round built volumes in the design is so harmonious that the casual observer might think that the tower had been designed at the same time as the theater. The tower consists of conical supports beneath a cylindrical water tank topped by a blunt conical spire. The latter must have been particularly satisfying for the architect, for a relative of this tower can be found in his design for the Palazzo Tergesteo in Triest, where it forms the hinge between the two building halves on either side of the newly created lane and simultaneously establishes a relationship with the tower of the historic Pescheria nearby. Although his self-confident designs continue modernism, Gustav Peichl's buildings never appear in demonstratively avant-garde guise in order to wipe everything else away. They remain friendly and invitingly communicative.

Plastic Composition

Since most of the projects of the five work years discussed here were defined by a rigorous impulse toward economy, the distinctly plastic composition, familiar from the ORF Regional Studio, does not enjoy the same prominence as subtly modeled built volumes whose basic form is usually rectangular. One exception, aside from the school in Ockwirkgasse, is the theater in Gütersloh mentioned earlier, which collects the entire instrumentarium of Peichl and integrates it to form a new whole. The project, which was unfortunately stopped, is spatially so diverse and interesting that the author of this text would have been pleased to see it built and to have experienced it in person rather than merely imagining it from plans. Its exceptional character is already evident from the large form, with a floor plan consisting of a bold, elongated oval above which rises a rounded, three-storey wall,

aufgestelzte Turm geht alsbald in den hohen zylindrischen Wasserbehälter über, der ein stumpfes Kegeldach trägt. Er muß den Entwerfer besonders begeistert haben, denn ein Verwandter dieses Turms findet sich wieder im Entwurf für den Palazzo Tergesteo in Triest, wo er das Gelenk zwischen den beiden Gebäudeteilen beidseits der neugeschaffenen Gasse bildet und zugleich mit dem Turm der nahen, historischen «Pescheria» in Beziehung tritt.

Plastische Komposition

Da die meisten Projekte der hier behandelten fünf Arbeitsjahre von rigorosem Sparwillen bestimmt wurden, bleibt die starkplastische Komposition, wie man sie von den ORF Landesstudios her kennt, eher hintan, zugunsten sehr zurückhaltend gegliederter Baukörper von meist quadrischer Grundform. Eine Ausnahme bildet neben der Schule Ockwirkgasse das Theater in Gütersloh, welches das gesamte Peichl'sche Instrumentarium zu einem neuen Ganzen integriert. Das leider gestoppte Projekt ist räumlich so vielfältig und interessant, daß der Schreibende es gern gebaut gesehen und erfahren hätte, nicht nur vor dem inneren Auge im Nachvollzug der Pläne.

Sein Ausnahmecharakter beginnt bereits mit der Großform, einem kühnen, in die Länge gezogenen eiförmigen Grundriß, über dem sich eine dreigeschossige Mauer erhebt, so daß das Bauwerk sofort als starkes städtebauliches Element hervortritt. Fast wie ein mit den Jahrhunderten transformiertes Vorwerk eines Festungsbaumeisters aus der Renaissance wirkt der Baukörper, trotz der zahlreichen Fenster, zuerst unnahbar, doch die schmal hochgezogene Treppenrampe neben der gerundeten Spitze und das Prisma des Lastenaufzugs am «dickeren» Ende schaffen den funktionalen, räumlichen und bedeutungsmäßigen Bezug zum Erdboden. Die Treppenrampe verweist zudem unmittelbar auf den begehbaren Dachgarten und damit auf eine wichtige und beliebte sekundäre Funktion, die den obsolet gewordenen Festungselementen im späten 18. Jahrhundert zukam, als die meisten dieser Anlagen der Bevölkerung zum Spazieren auf den Wällen freigegeben wurden: der Ausblick von einer erhöhten Terrasse auf die Vorstädte und das Vorland. Bevor es noch um den Inhalt des Bauwerks geht, ist dieses ein öffentliches, wegen der begehbaren Dachlandschaft, die im hügelartig hochgezogenen Bühnenhaus kulminiert und sofort Teil des umgebenden Parks wird. Leichter zugänglich und allgemeinverträglicher als ein Aussichtsturm bewältigt das Projekt diesen wichtigen, stadtbildenden Aspekt.

Der eigentliche Eingang ist hinter der spitzen Rundung in das Volumen hineingeschnitten. Die schirmende Mauerhülle wird zweigeschossig geöffnet, ein offener Durchgang führt hinter dem die Spitze besetzt haltenden Café durch den Baukörper hindurch. Von dieser Passage erfolgt der Eintritt durch Drehtüren in die Eingangshalle. Hier nun steht der orthogonal organisierte innere Baukörper des Theatersaals zur gerundeten Mauerhülle in einem Wechselverhältnis. Bei den Treppen, die das mehrgeschossige Foyer flankieren, stoßen wir auf

so that the building emerges immediately as a strong element in the urban plan. Almost like the outwork of a Renaissance architect which has been transformed by the centuries, the building, despite its many windows, at first appears unapproachable. The narrow, rising stairway ramp next to the rounded point and the prism of the freight elevator at the «thicker» end establish a functional, spatial and semantic relationship to the ground. The stairway ramp also refers directly to the rooftop garden which is accessible to visitors, and thus to an important and popular secondary function that fortress walls began to fulfill in the late eighteenth century, when most of their remnants were opened up to the public for strolls on the walls, who benefited from the view down onto the suburbs and the surrounding countryside. The content of Peichl's building is somewhat subordinate to its public character because of the accessible rooftop landscape which culminates in the hill-like stage section and immediately becomes part of the surrounding park. More easily accessible and compatible with general needs than an observation tower, the project fulfills its role as a constitutive element of the city.

The actual entrance is cut into the volume behind the sharp bulge. The protective enclosing wall is open on two storeys, and an open passage leads through the built volume behind the café that occupies the tip of the bulge. From this passage the visitor continues through rotating doors into the entrance hall. Here the orthogonally organized interior volume of the theater hall stands in a reciprocal relationship to the rounded enclosing wall. In the case of the stairways, which flank the multi-storey foyer, we encounter spacious vertical developments of space; the limiting curve of the enclosing wall is made visible at the same time. In the rear area the spaces of varying depths between theater hall and enclosing wall are put to optimum use as service areas, side stages, cloakrooms and workshops, preventing any suspicion of formal randomness. The apparent contrast of the rounded outer form and the rectangular configuration of the theater space is played over by an extremely clear functional differentiation of the floor plan, so that the architectural tension remains unimpeded.

Humor

Some buildings by Gustav Peichl betray a hint of anthropomorphic wit – for example, when two small windows are pressed together in an otherwise closed facade so that they gaze out into the surrounding environment like the squinting eyes of a distrustful giant. One does not require a great deal of imagination to conclude that the talented architect who worked for years as a successful and merciless caricaturist cannot quite suppress this past in his buildings. Even considering that the lifetime of buildings is rather long merely for the purpose of registering a punchline, and however difficult it may be to incorporate the subject of irony or humor into architecture, it is clear that Peichl's buildings are always manifestos against excessive seriousness in life. However, Peichl never employs such conceits to the disadvantage of function and construction; it is always merely a whiff, a brief hint. Whenever an onlooker thinks that he has caught a glimpse of an utterance, it will be lost upon a second look, but no sooner has one walked past the geometric forms once again suggest mischief. All this adds up to a distinctly cheerful component which always demands that lightness mentioned earlier, since even a bit too much would weaken and dilute the architect's intent. Designs characterized

großzügige vertikale Raumentwicklungen, wobei zugleich die begrenzende Rundung der Umfassungsmauer sichtbar gemacht wird. Im hinteren Bereich werden die unterschiedlich tiefen Räume zwischen Theatersaal und Umfassungsmauer für Serviceräume, Seitenbühnen, Garderoben und Werkstätten optimal genutzt. Der scheinbare Gegensatz der gerundeten äußeren Großform und der rechteckigen Konfiguration des Theaterraumes wird durch grundrißliche Klärungsarbeit überspielt, so daß die architektonische Spannung unbeeinträchtigt bleibt.

Humor

Manche Bauten Gustav Peichls weisen einen listigen, anthropomorphen Zug auf: Zum Beispiel wenn zwei kleine Fenster in einer sonst geschlossenen Fassade nahe zusammengerückt sind, so daß sie wie die zusammengekniffenen Augen eines leicht mißtrauischen Riesen in die Gegend blinzeln. Es braucht nicht viel Phantasie zu dem Schluß, daß der seit Jahrzehnten mit Erfolg und spitzer Feder Karikaturen zeichnende Architekt auch bei seinen baulichen Entwürfen den Humor nicht verdrängen mag. Wiewohl die Lebensdauer von Bauwerken für das Einbringen einer speziellen Pointe sehr lang und das Thema der Ironie in der Architektur schwer zu fassen ist, läßt sich doch feststellen, daß Peichls Bauten immer auch Manifeste sind wider den tierischen Ernst. Allerdings geht diese Komponente nie zu Lasten von Funktion und Konstruktion. Und immer handelt es sich nur um einen leichten Hauch, eine kurzzeitige Annäherung. Wo man eine Aussage zu erkennen glaubt, verliert sie sich beim genauen Hinsehen wieder, weil es ja doch einfach Architektur ist, aber kaum ist man daran vorbeigegangen, äugt der Schalk wieder hinter den geometrischen Formen hervor. Es ergibt sich daraus eine heitere Komponente, die jener Leichtigkeit bedarf, da jedes Zuviel eine Schwächung und alsbald Plattheit bedeuten würde. Besonders bei den Schulen gelingt es Gustav Peichl, das Strenge und Eifernde, das der Moderne oft anhängt, zu überwinden und mit seinen Gebäuden jenen architektonischen Hintergrund zu schaffen, der, genützt von guten Pädagogen, den heranwachsenden Menschen eine positive Erfahrungsbasis anbieten kann. An dem Architekten wird hinter dem Schild oft maliziöser Wortfechterei ein menschlicher und zukunftsfroher Charakter sichtbar, den der Humor nicht verlassen hat, sondern der ihn – nicht ohne Doppelbödigkeit – vergnügt weitergibt.

by openness and cheerfulness are especially prominent in his schools. Gustav Peichl succeeds in overcoming that rigor and earnestness which so often characterizes modernism; with his buildings he creates an architectural background which, if put to use by good teachers, can provide young people with a positive base of experience. Despite the often malicious verbal battles which this committed architect sometimes hides behind, we can nonetheless discern a humane and optimistic character which has not lost its sense of humor and which – albeit not without a certain cunning – can pass it on to others.

Bekenntnis zur Form
Gustav Peichl

Immer wieder beflügelt der Streit um die Moden in der «Architektur» die Architekturlehrer und Architekturschreiber. Die Diskussion, was Architektur überhaupt bedeutet, geht quer durch die Reihen der Gelehrten. Das Lexikon verrät uns, Architektur heißt «Baukunst». Was nur teilweise stimmt. Schriftsteller und Architektenkollegen nannten die Architektur «Macht» oder «zu Stein gewordene Musik». Besonders Verwegene rufen «Alles ist Architektur!»

Die oft diskutierte Streitfrage, ob Architektur Kunst, Technik oder Wissenschaft sei, ist müßig. Bestenfalls ist die Frage von methodischem Interesse. Architektur kann man nicht nur einer dieser Kategorien zuzählen, sondern allen. Architektur umfaßt nicht nur Kenntnis vom Bauen im wahrsten Sinn des Wortes, sondern die Gestaltung und geistige Bewältigung des gesamten Lebensraums.

Ich bringe die Architektur auf einen einfachen Nenner: Architektur ist die Summe von:
RAUM, FUNKTION, FORM, MATERIAL, FARBE und LICHT.

Eine Fehlleistung in Sachen Architektur ist der um sich greifende Gestaltverzicht. Gestaltverzicht erzeugt Langeweile in der sogenannten «bescheidenen Architektur».

Das höchst Erforderliche ist das Bekenntnis zur Form. Schlichte Zweckerfüllung in der Architektur ist zu wenig. Phantasie muß Ansporn zur Gestaltung sein. In der Architektur sind unaufhörlich Veränderungen notwendig. Ebenso notwendig ist aber der Anspruch auf Qualität und damit Vermeidung modernistischer Ausritte.

Aktualitätsbezug ist notwendig, Qualitätsbezug aber ist unabdingbar. Architektur muß länger Bestand haben als publizierte Modeware.

Seit es die sogenannte «Postmoderne Architektur» und den «Dekonstruktivismus» gibt, tragen die Architekturmoden ein immer kürzeres Ablaufdatum.

Architektenarbeit ist keine Affekthandlung eines Künstlers oder ein emotioneller Kraftakt, aber der genius loci muß dabei sein. Einen Ausweg lasse ich mir, wo ich behaupte, Architektur gibt es weder ohne Ratio noch ohne Emotion.

Jedes Haus hat «erogene Zonen». Diese aufzuspüren ist die vornehmste und schönste Aufgabe eines Architekten.

An Affirmation of Form
Gustav Peichl

Again and again the controversy surrounding fashions in «architecture» excites the architecture instructors and architecture critics. The discussion about the meaning of architecture cuts straight through the ranks of the scholars. The dictionary tells us that architecture is «the art of building» – which is only partly true. Writers and architects referred to architecture as «power» or «music transformed into stone». Especially daring commentators cry out that «everything is architecture!»

The oft-disputed issue of whether architecture is art, technology or science, is ultimately moot. The question is at best one of method. Architecture belongs to all these categories, not only to one of them. Architecture embraces not only knowledge of building in the truest sense of the word, but also the design and mental mastery of the entire space of life.

I reduce architecture to a simple denominator. Architecture is the sum of:
SPACE, FUNCTION, FORM, MATERIAL, COLOR and LIGHT.

A failure of contemporary architecture is the ever-increasing rejection of form. Rejection of form creates boredom in so-called «modest architecture.»

What is needed most of all is an affirmation of form. Simply living up to some purpose is not enough in architecture. Imagination must be the stimulus of design. Equally necessary is a standard of quality and, accordingly, the avoidance of modernist excesses.

Reference to the respective age is necessary, but reference to quality is essential. Architecture must have a greater endurance than published fashions.

Ever since the appearance of «post-modern architecture» and «deconstructivism», the life spans of architectural fashions have become shorter and shorter.

Architectural work is not the momentary inspiration of an artist or an emotional outburst, but the genius loci must be involved. I allow myself an outlet when I claim that there can be no architecture without either ratio or emotion.

Every building has «erogenous zones.» Detecting them is the most elegant and beautiful task of an architect.

Städelmuseum Frankfurt Städel Art Museum, Frankfort

Form – Funktion   Form – Function

1

2

3

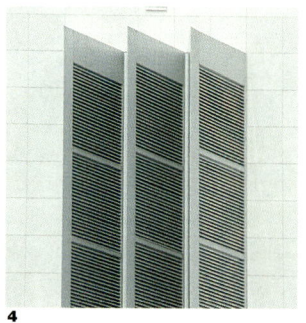
4

5

6

1 Kunsthalle, Bonn
2 Kunsthalle, Bonn
3 Schule, Wienerberg
4 Kunsthalle, Bonn
5 Kunsthalle, Bonn
6 Städelmuseum, Frankfurt
7 PEA, Berlin
8 ORF Archiv, Wien
9 Stadtvilla, Wienerberg

1 Federal Art Museum, Bonn
2 Federal Art Museum, Bonn
3 Wienerberg School
4 Federal Art Museum, Bonn
5 Federal Art Museum, Bonn
6 Städel Art Museum, Frankfort
7 PEA Environmental Building
8 ORF Recording Archives, Vienna
9 Villa, Wienerberg

7

8

9

Material – Farbe   Material – Colour

1

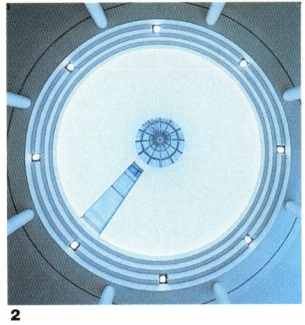
2

3

4

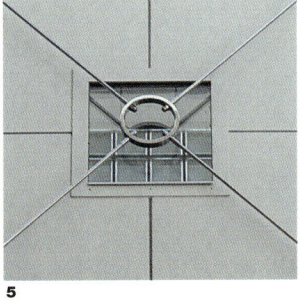
5

6

1 **Städelmuseum**	1 Städel Art Museum
2 **Kunsthalle Bonn**	2 Federal Art Museum, Bonn
3 **Städelmuseum**	3 Städel Art Museum
4 **ORF Studio Wien**	4 ORF Studio, Vienna
5 **ORF Studio Wien**	5 ORF Studio, Vienna
6 **Städelschule**	6 Städelschule
7 **Städelmuseum**	7 Städel Art Museum
8 **Kunstforum Wien**	8 Art Forum, Vienna
9 **Probebühnen Wien**	9 Rehearsal Stages, Vienna

7

8

9

Kunsthalle Bonn, Eingang   Federal Art Museum, Bonn, entrance

Form   Form

Kunsthalle Bonn, Ausgang Atrium Federal Art Museum, Bonn, exit to atrium

Körper   Volume

Kunsthalle Bonn, Vorplatz Federal Art Museum, Bonn, front esplanade

Außenraum   Exterior Space

Kunsthalle Bonn, Vorhof   Federal Art Museum, Bonn, forecourt

Innenraum   Interior Space

Kunsthalle Bonn, Eingangsfassade   Federal Art Museum, Bonn, facade of entrance

Material – Körper   Material – Volume

Kunsthalle Bonn, Atrium Federal Art Museum, Bonn, atrium

Raum – Material   Space – Material

Städelmuseum, Oberlicht Städel Art Museum, light cupola

Raum – Licht   Space – Light

Kunsthalle Bonn, Lichtturm   Federal Art Museum, Bonn, light cone

Konstruktion – Licht   Construction – Light

Kunsthalle Bonn, Ausstellungshalle Federal Art Museum, Bonn, exhibition hall

Raum – Licht   Space – Light

Städelmuseum, Wechselausstellung Städel Art Museum, hall for special exhibitions

Licht – Raum   Light – Space

Volksschule Wienerberg

Wien, 1987–1989

Die Volksschule bildet mit Kindertagesheim, Ladenzentrum und Kirche das Herz eines Neubauquartiers am südlichen Stadtrand. Ein großes, flach gespanntes Tonnendach über der Pausenhalle bestimmt die einladende Hauptfassade. Zu beiden Seiten schließen nach Osten und Westen sich öffnende Halbtonnen über den Klassenzimmern an. Je zu sechst sind diese an einen Korridor gereiht, der den rechteckigen Innenhof umläuft. Darin befindet sich, leicht aus den Achsen gedreht, das separate kleine Haus der Direktion. Elementar wird damit Raum und Umraum, hohl und voll erlebbar gemacht. An der Rückseite liegen Turnhalle und Garderoben. Die innere Organisation in der Tradition rationaler Typologien für öffentliche Gebäude bietet dem Volksschulkind eine Orientierungshilfe und zugleich architektonische Erfahrungen, die weder im Geschoßwohnungsbau, noch im Reihenhaus möglich sind.

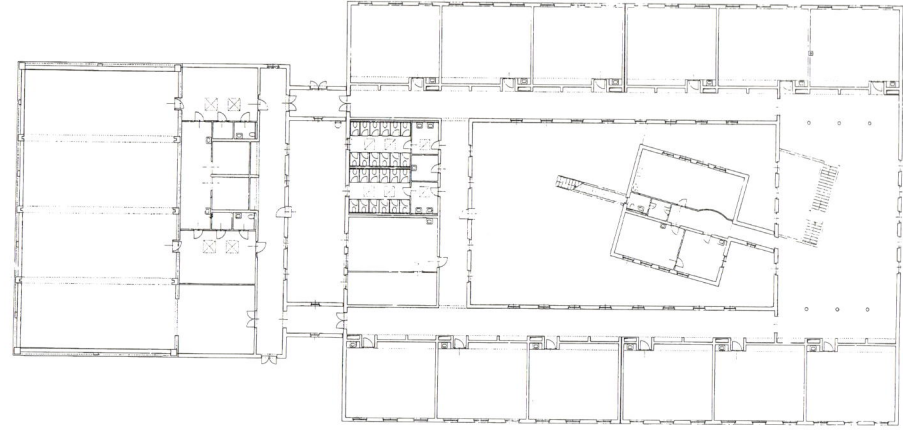

Grundriß Ground floor plan

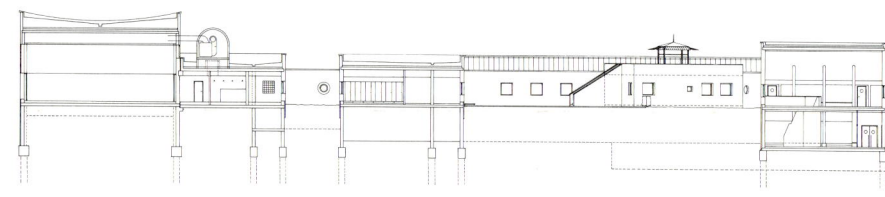

Längsschnitt Longitudinal section

Wienerberg Elementary School

Vienna, 1987–1989

Together with a day-care centre, shops, and church, the elementary school forms the heart of a new

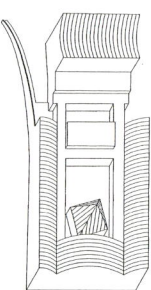

Pausenhalle Recess hall

Eingangsseite View of the entrance

development on the southern edge of the city. A large, flat vaulted roof over the recess area defines the welcoming main facade. Both sides of the lobby are marked by half-tunnel vaults, aligned east-west, that meet over the classrooms. The classrooms are lined up in groups of six along a corridor that runs around the square courtyard. Located inside the courtyard is the small building of the principal's office, which is set slightly off-axis. The result dramatises space and surrounding space, hollowness and fullness. An athletic hall and dressing rooms are located at the rear. The internal organisation in the tradition of rationalised typologies for public buildings provides students with a source of orientation as well as with experiences of architecture that are not possible either in multi-story housing or in row houses.

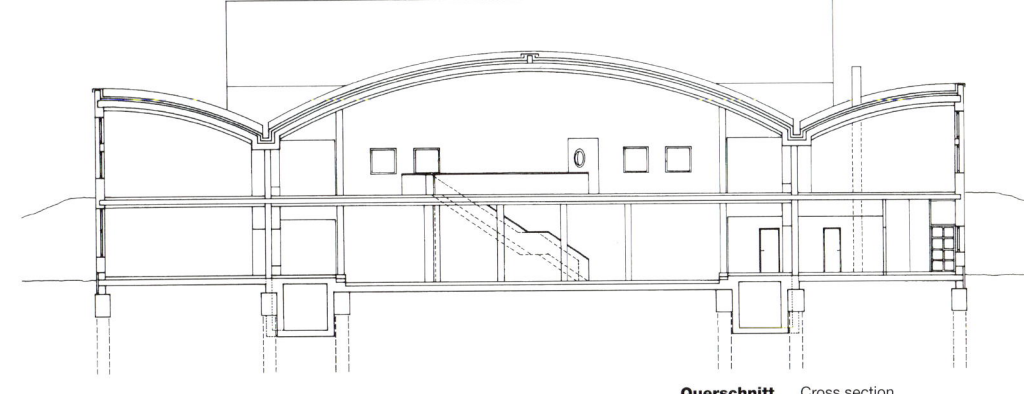

Querschnitt Cross section

Donauzwilling

Hochhauspaar in der Donaucity, Wien, 1993

Auf dem Gelände vor der UNO-City war der Wiener Teil der EXPO '95 Wien-Budapest vorgesehen. Die Ablehnung durch eine Mehrheit der Wiener Bevölkerung zwang dazu, das für die Nachnutzung gedachte städtebauliche Konzept auf eine Direktnutzung umzuarbeiten. Kernstück des städtebaulichen Masterplans war ein von der U-Bahnstation schräg nach vorn zum attraktiven, südexponierten Ufer der Neuen Donau gerichteter öffentlicher Raum. Als Blickfang des hochwertigen Standorts war ein Hochhauspaar vorgesehen, das sich auf die genannte Diagonale bezog.
Der prämierte Entwurf von Peichl & Partner mit zwei zylindrischen Türmen, die zueinander in spannungsvolle Nähe stehen, erzeugt ein Symbol für den neuen Stadtteil und bietet dem Blick von der Reichsbrücke, wie jenem aus der Ferne ein unverkennbares Merkzeichen. Bei der Situierung mußte aber auch die parallel zum Ufer verlaufende Autobahn berücksichtigt werden. Die verkehrsmäßig günstige Lage erlaubt einerseits eine hohe Bebauungsdichte, die aber andererseits von sinnvoller Wegführung und attraktiven öffentlichen Platzräumen begleitet sein muß. Mit dem Sockelbauwerk wird diesen Bedürfnissen Rechnung getragen, es enthält gemischte urbane Funktionen und nützt die Südfront an der beliebten Ufersituation für Freizeiteinrichtungen.
Für die Hochhäuser wurden mehrere Varianten ausgearbeitet. Aus städtebaulicher und aus ökonomischer Sicht liegt die Präferenz bei zwei Türmen von 150 m Höhe mit zusammen 85 000 m² vermietbarer Fläche.

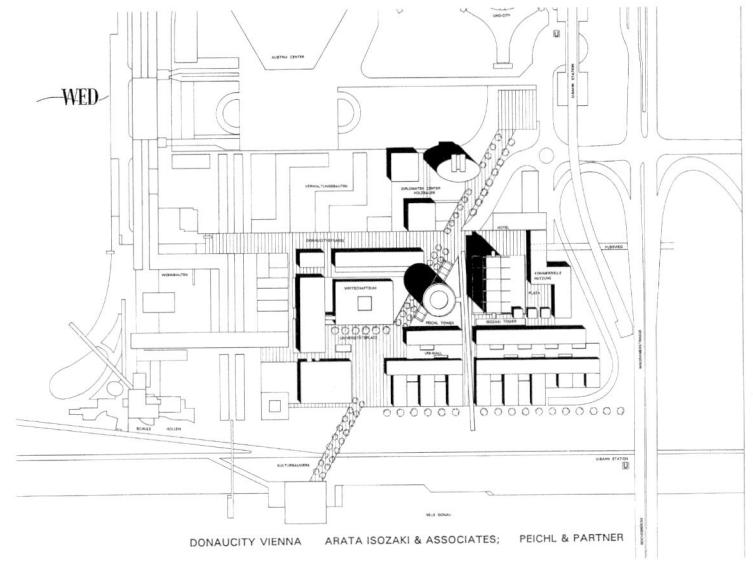

Lageplan   Site plan

Modellfoto Donaucity   Model of Donaucity

Sie treten zur dominanten UNO-City und zu weiteren geplanten Hochhäusern in städtebauliche Beziehung, bewahren aber ihre Eigenständigkeit. Die klare geometrische Form leitet sich einerseits her von der solchen Körpern innewohnenden architektonischen Kraft, andererseits von der Eigenschaft der Kreisform, sowohl vom Grundriß her als auch statisch-konstruktiv optimalen wirtschaftlichen Nutzen zu bieten. Da ein Zwang zum Höherbauen etwa in Form knapper Grundstücke in Wien nicht gegeben ist, unterliegt die Planung für ein Hochhaus härtesten ökonomischen Zwängen. Deshalb sind u.a. zwecks kurzer Leitungsführungen zwei Installationsgeschosse zwischengeschaltet. Der Anteil der Kern- und der Konstruktionsfläche liegt bei 20%, so daß pro Geschoß ein wirtschaftlich günstiger Anteil von 1 000 m² vermietbarer Fläche erreicht wird. Obwohl mehrheitlich für Bürozwecke vorgesehen, kann die für die obersten Geschosse geplante Wohnnutzung elastisch ausgeweitet werden. Die kreisförmigen Grundrisse erlauben unterschiedliche Aufteilungen von einer bis zu vier Büroeinheiten pro Geschoß. Ebenso sind Wohnungsgrößen von 60 bis 160 m², eingeschossig oder als Maisonetten möglich. Der derzeitige Planungsstand des Developers sieht vor, einen der beiden Hochhauszwillinge durch den Entwurf von Arata Isozaki mit scheibenförmigem Zuschnitt zu ersetzen.

Modell Twin-Tower   Model of twin towers

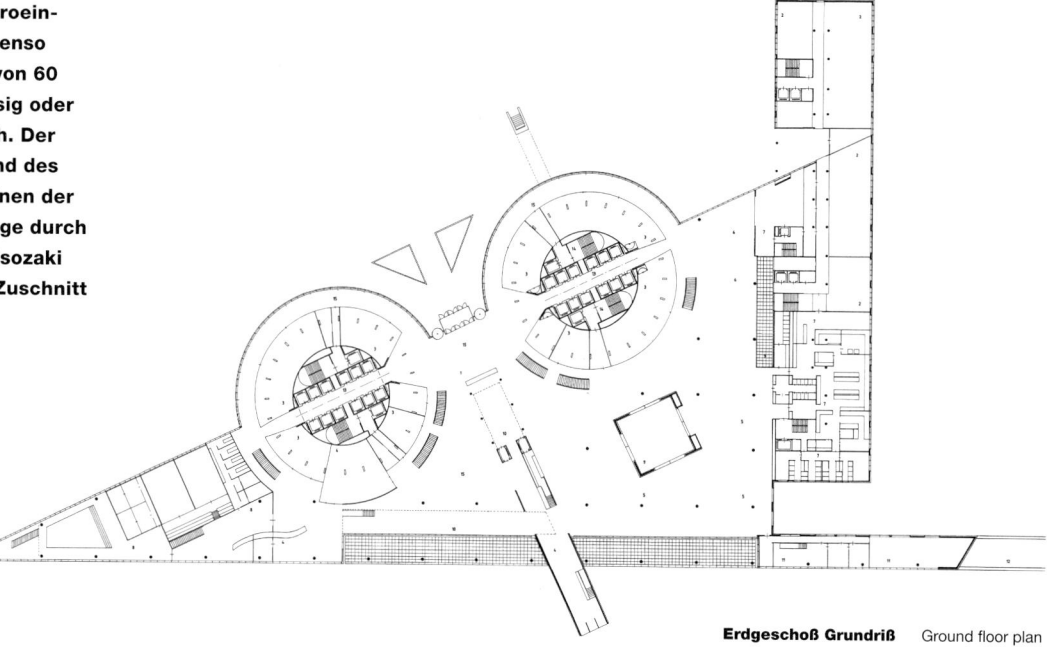

Erdgeschoß Grundriß   Ground floor plan

Donauzwilling

Twin High-Rise Buildings in Donaucity, Vienna, 1993

UN City was planned as the site of the Viennese section of EXPO '95, which was originally supposed to take place simultaneously in Vienna and Budapest. The rejection by a majority of the Vienna population meant that the town plan for the site, designed for later use once the fair was over, had to be converted to immediate use instead. The core of the urban master plan was a public space extending from the underground station and slanting forward to the attractive, southward-facing bank of the New Danube. The twin high-rise buildings were intended to provide a visual reference to the diagonal orientation of the high-quality site. The winning entry by Peichl & Partners, with its two cylindrical towers standing in active proximity to each other, produces a symbol for the new urban district and offers an unmistakable trademark to any observer standing on Reichsbrucke or farther away. Planning also had to take into account the highway running parallel to the riverbank. The good transport infrastructure allows a high density of development which, however, must be accompanied by intelligent street design and attractive public squares. These needs are taken into account with the base building, which contains mixed urban functions and uses the southern frontage on the popular riverbank for recreational facilities. Several variants were worked out for the high-rise buildings. Criteria of urban design as well as economics decided the issue in favour of two 150-metre towers with a total usable area of 85000 square metres. Though formally referring to the dominant UN City and to additionally planned high rises, they nonetheless preserve their independence. The clear geometric form is derived on the one hand from the

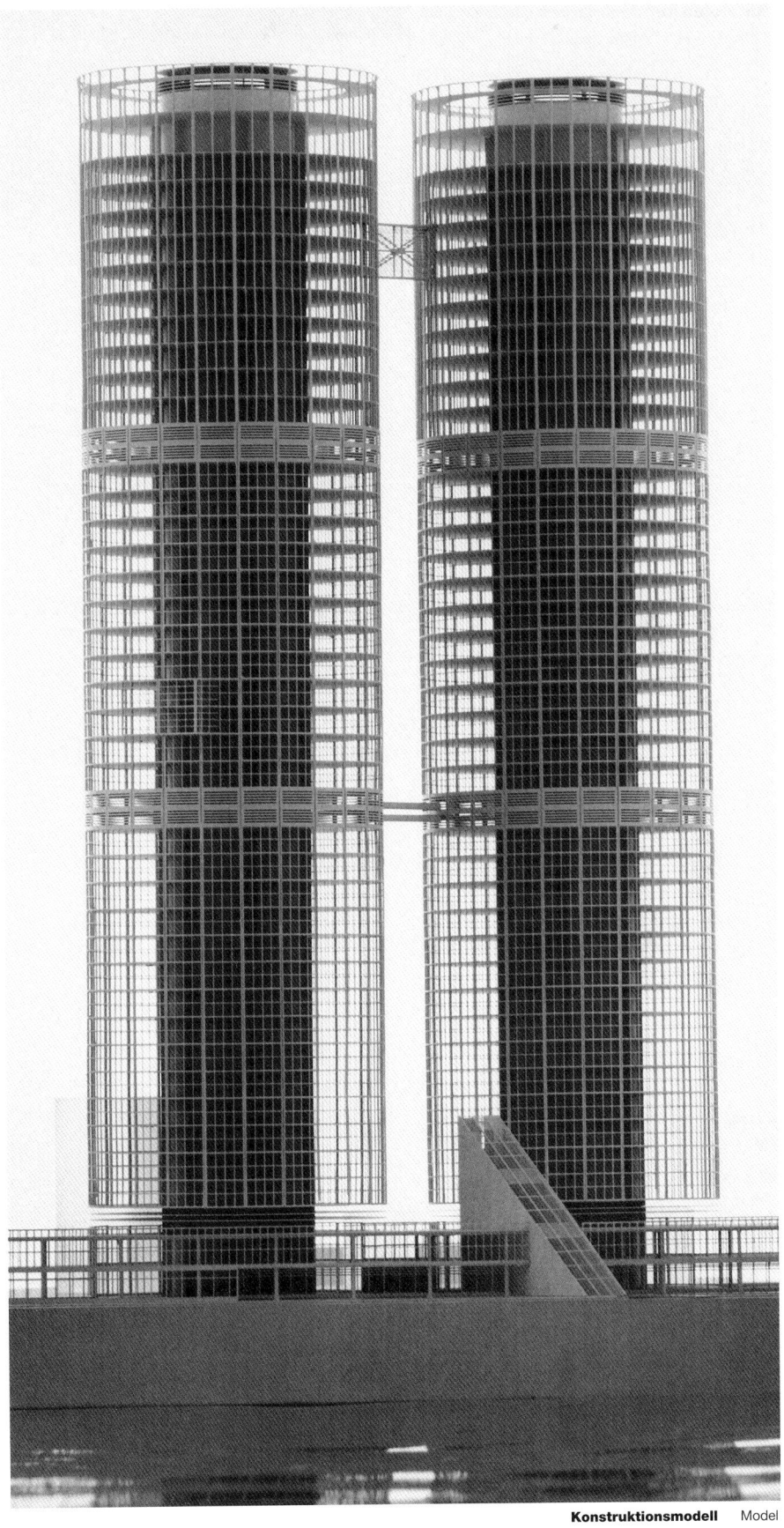

Konstruktionsmodell Model

architectural power inherent in such volumes, on the other from the advantages offered by the circular form optimum economic benefits both in terms of floor plans and structure. Since there is no compulsion to build high-rise buildings in Vienna due, say, to a lack of lots, the planning for such buildings is subject to extremely rigorous economic restrictions. This is one of the reasons for the two installation floors that have been inserted into the structure in order to provide for shorter supply lines. Core and structural surfaces account for 20% of the total area, providing for an economically favourable share of 1000 square metres of rentable surface per floor. Although most of the area in the building is reserved for office functions, the residential uses specified for the top floors can be flexibly expanded. Similarly, apartment sizes of 60 to 160 square metres are possible, either as single-storey units or as maisonettes. The developer's present state of planning entails replacement of one of the twin high-rise buildings with a disk-shaped volume designed by Arata Isozaki.

Zeichnung Isozaki – Peichl-Turm   Peichl Tower – Drawing by Izozaki

Grundrißschema Ground plan scheme

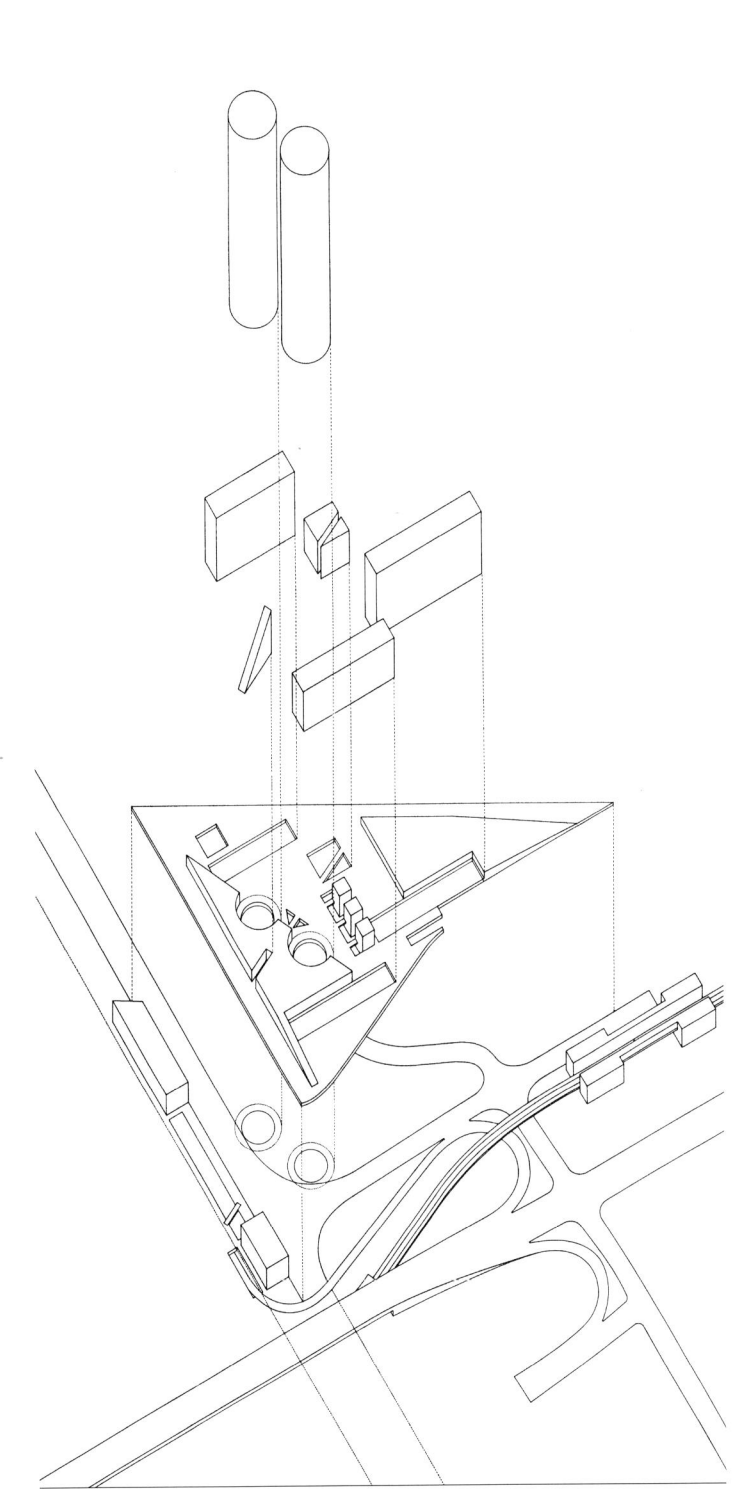

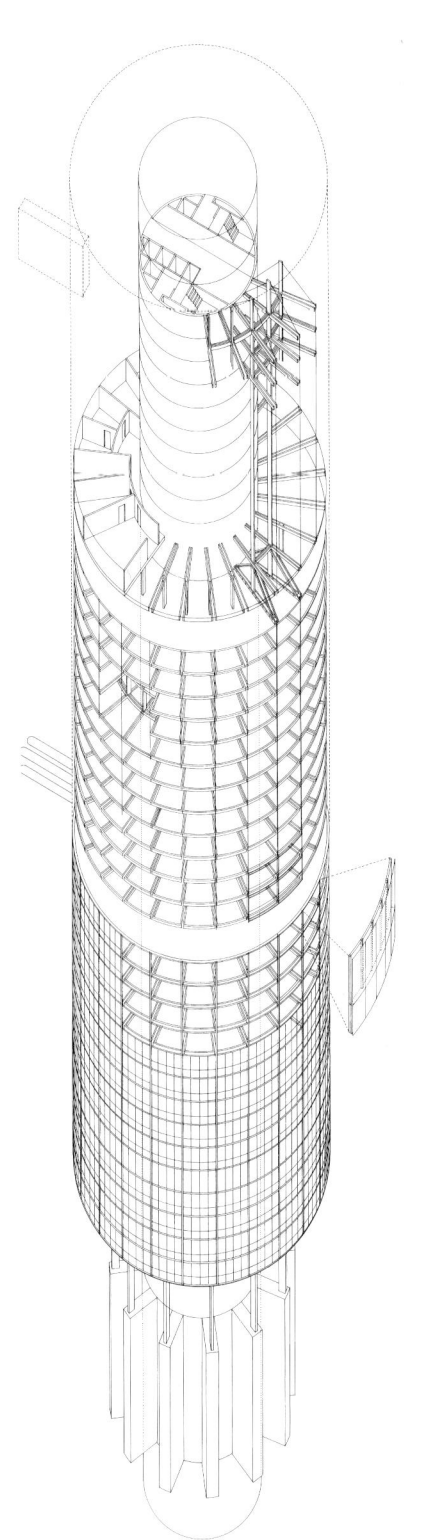

Konstruktion Rundturm Scheme of round tower

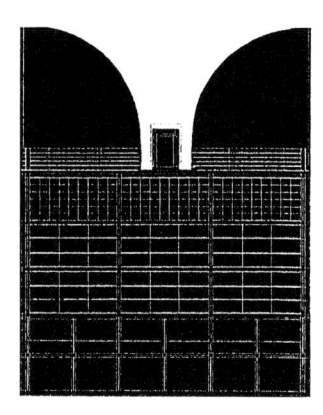

Bibliothek
Dortmund, 1996

Auf dem Bauplatz wird ein einfacher, an die bestehende Bebauung Rücksicht nehmender Baukörper situiert, der ohne modische Elemente eine eigenständige Physiognomie und ein attraktives Umfeld erzielt. Der individuelle Baukörper mit einfacher, aber origineller Dachausbildung soll das Spezifische eines Bibliotheksbaues signalisieren. Das Selbstbewußtsein der Stadt wird dem kulturellen Angebot gerecht. Das Gebäude wird durch seine klare gestalterische Ausstrahlung zu einem kulturellen Anziehungspunkt. Die architektonische Gestaltung des Baukörpers beruht auf dem System der vorgehängten strengen Glas-Stahlfassade, die teilweise klarsichtig und teilweise lichtdurchlässig vorgeschlagen wird. Im Umfeld des bestehenden Gebäudes wird der Bibliotheksneubau sich einfach und klar aber eigenständig artikulieren.

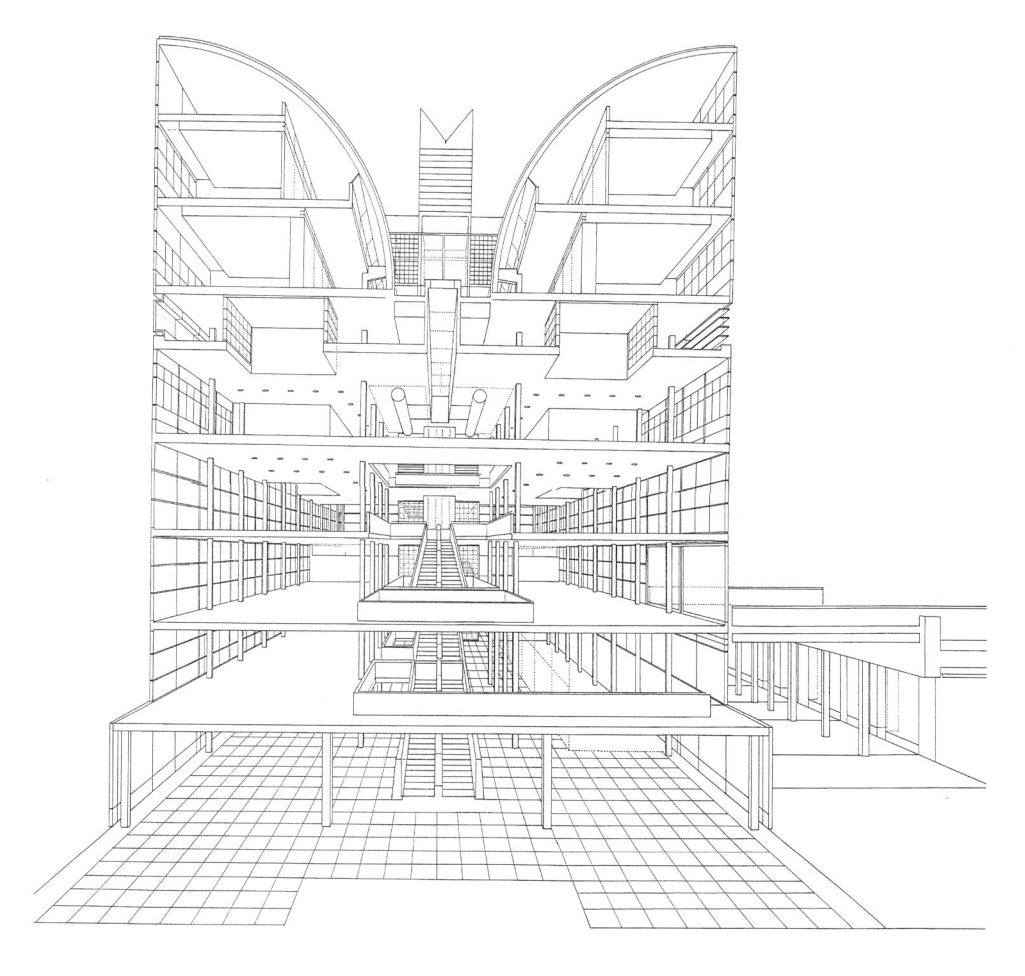

Schnittperspektive Section in perspective

Library
Dortmund, 1996

The site is occupied by a simple built volume which takes the existing architectural surroundings into account. The new building establishes an independent physiognomy

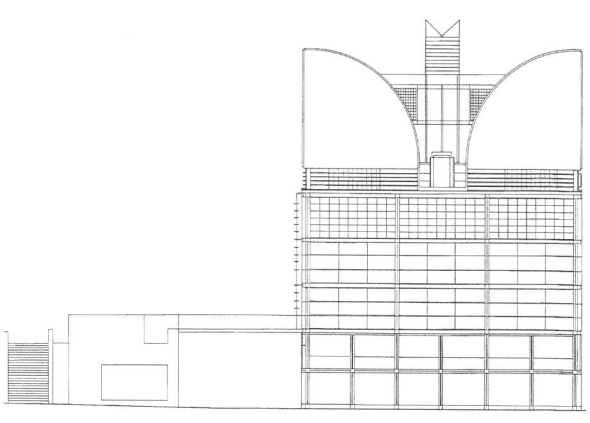

Querschnitt Cross section

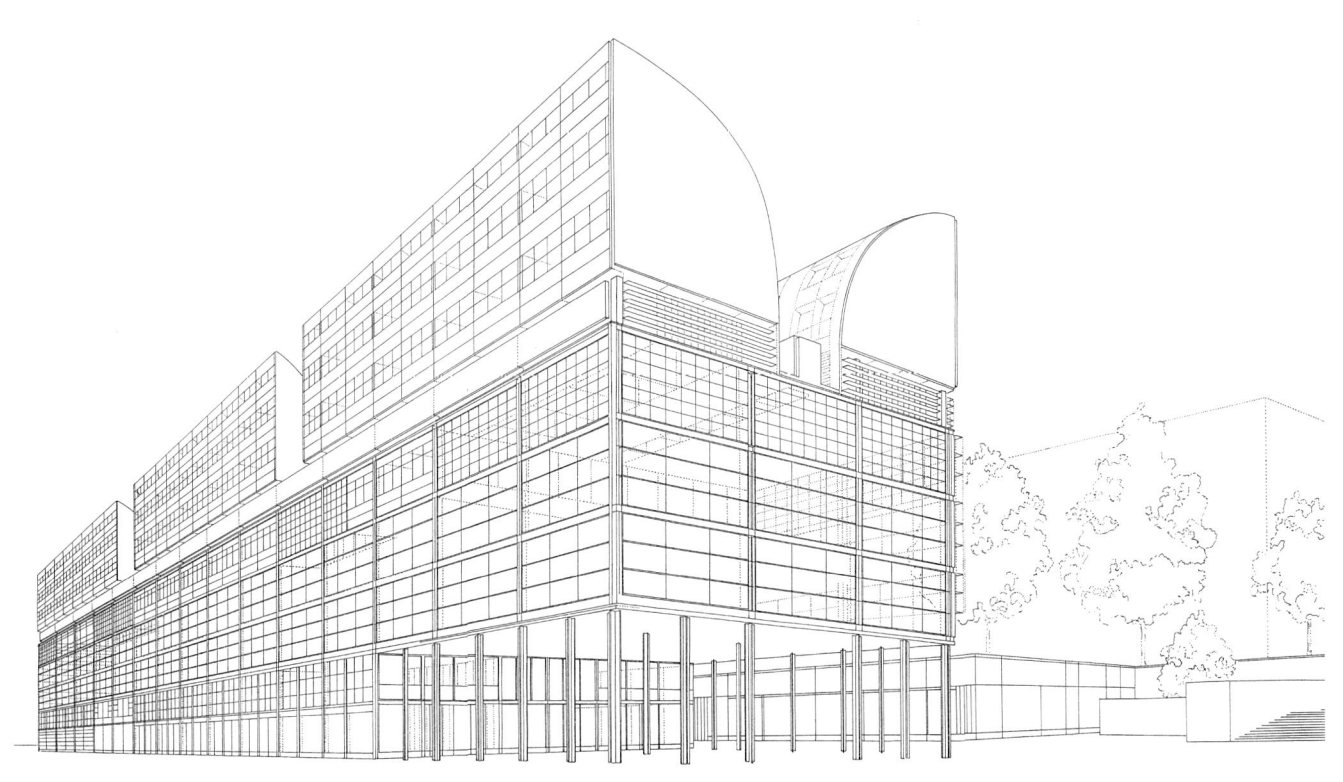

Schaubild Elevation

and an attractive environment without recourse to fashionable elements. The simple but original roof shape of the building is designed to signal its specific function as a library. The self-awareness of the city matches the cultural potential. The clear design of the library building makes it a natural point of gravitation in the city's cultural landscape.

The architectural formulation of the volume is based on a glass-and-steel curtain wall that is partly transparent, partly permeable to light. The new building of the library will stand out amid its surroundings, simple but also independent.

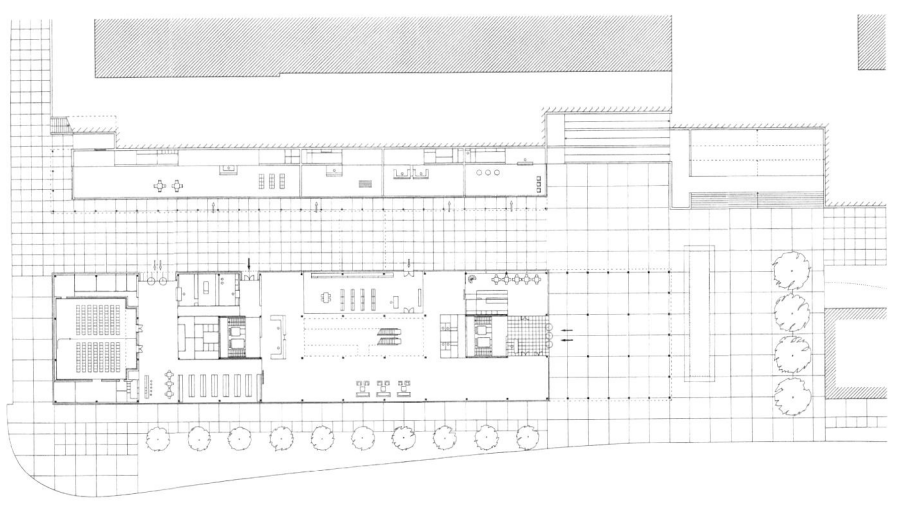

Grundriß Erdgeschoß Ground floor plan

Kombinierte Volks- und Hauptschule

Ocwirkgasse, Wien 21, 1994–1996

Die Anlage umfaßt eine zwölfklassige Volksschule, eine achtklassige Hauptschule und ein Tagesschulheim. Zwischen zwei langgezogenen Klassentrakten eingespannt, liegen die Turnhallen unter flach gewölbtem und begrüntem Dach sowie die Pausenhöfe. Mit einem schräggestellten elliptischen Baukörper werden diese unterteilt und räumlich zoniert. Ein Zugangssteg überbrückt den vorderen, abgesenkten Hofteil, so daß Ankommende den elliptischen Baukörper axial betreten. Dieser enthält Pausenhalle, Bibliothek und Direktion und erfüllt die Verteilerfunktion, indem verglaste Gänge zu den Klassentrakten und zum Tagesschulheim führen. Zudem befindet sich hier der Lift. Mit diesem besonderen Baukörper gewinnt die Schulanlage sowohl nach außen als auch nach innen Identität. Er enthält unterschiedlich geformte Innenräume und schafft mit seinem spannungsvollen Verhältnis von Nähe und Distanz differenzierte Aussenräume für ein vielfältiges Raumerleben der Schüler.

Lageplan Site plan

Combined Elementary and Middle School

Ocwirkgasse, Vienna 21, 1994–1996

The complex includes a twelve-class elementary school, an eight-class middle school, and a day-care centre. The athletic halls and recess areas, inserted between two elongated classroom buildings, lie beneath a flat vaulted roof covered with greenery. They are subdivided and spatially zoned by a slanted oval volume. An access ramp

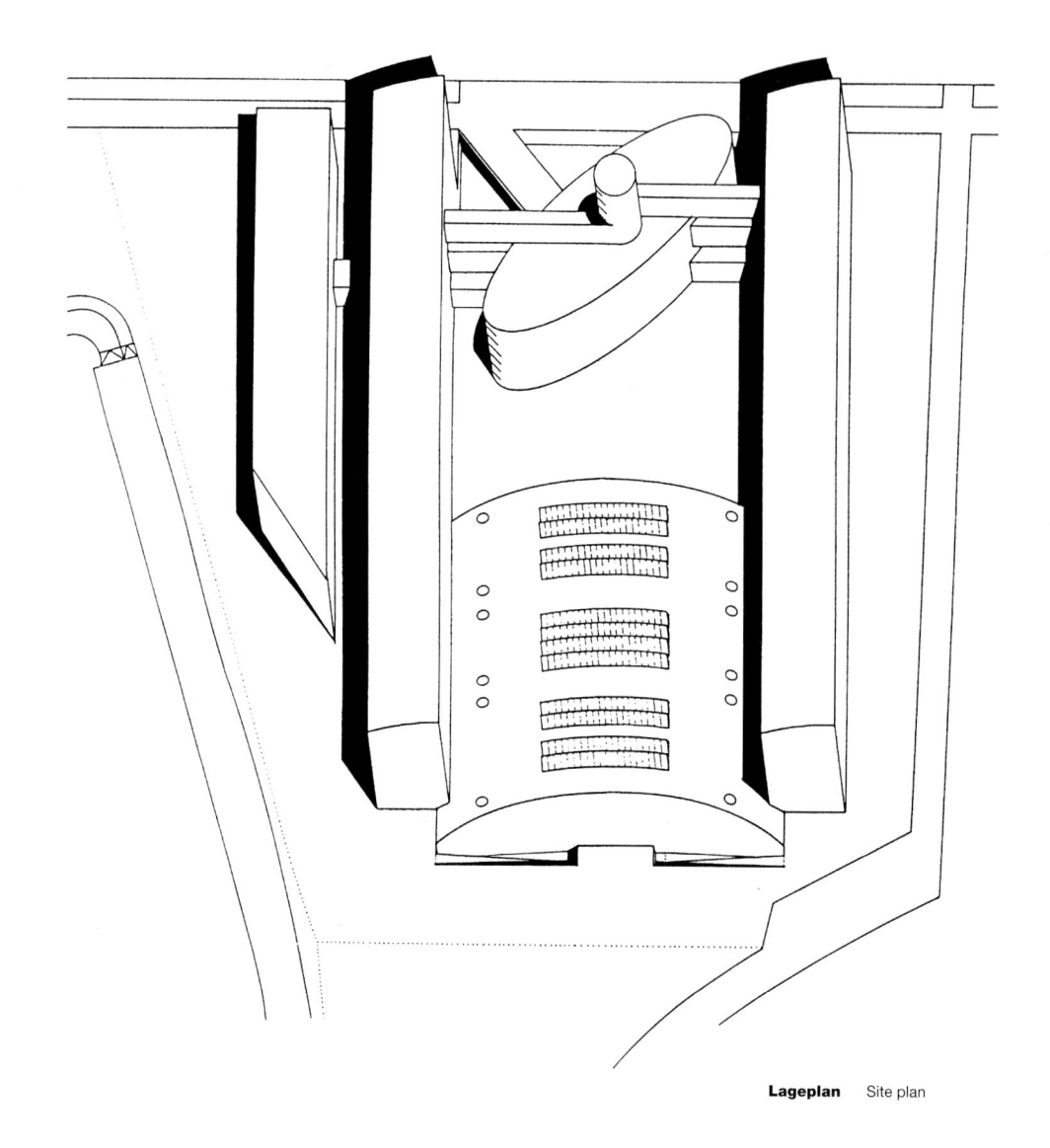

40

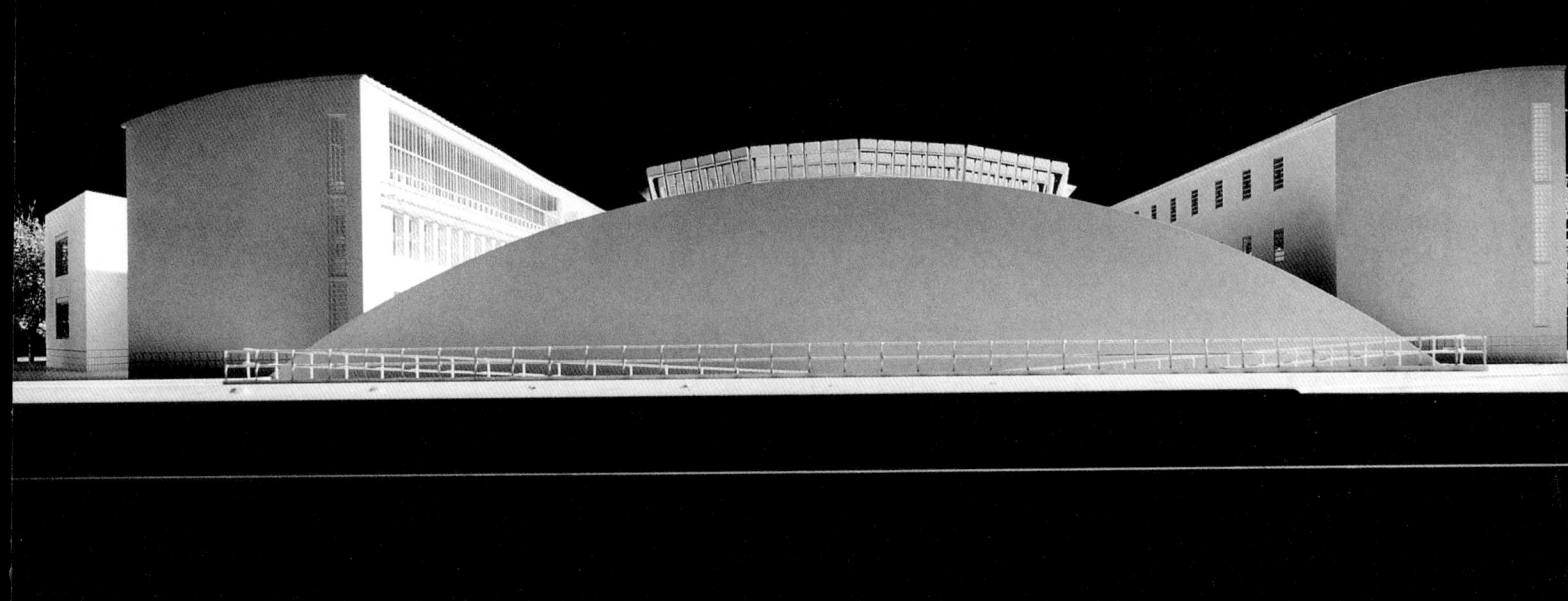

Modellfoto Model

bridges the front, sunken section of the courtyard area, so that those entering the oval volume do so along its axis. The oval volume contains the recess area, a library, and principal's office and fulfils its distributing function with glassed passageways that lead to the classroom buildings and the day-care centre. The elevator is also located here. With this special volume the school complex acquires both inward and outward identity. The building contains interior spaces in a variety of shapes and also creates differentiated external spaces with its intriguing interplay of proximity and distance, thus providing students with a varied experience of space.

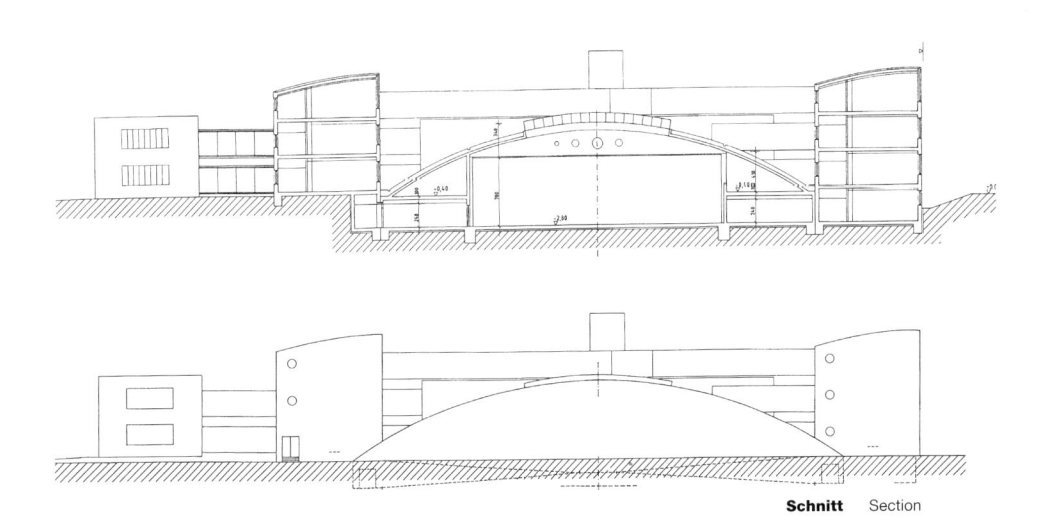

Schnitt Section

41

Grundriß-Schemata   Scheme of ground plan

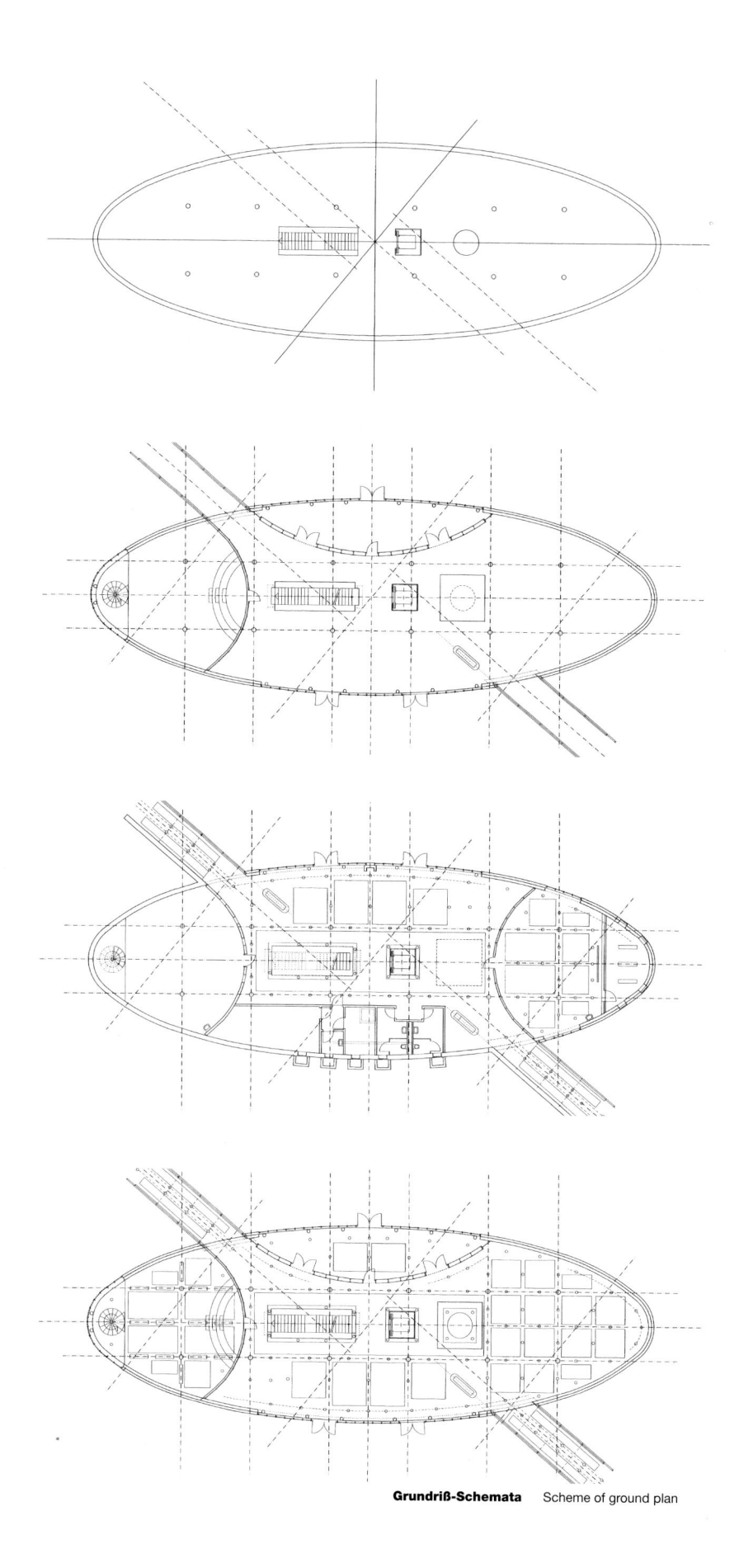

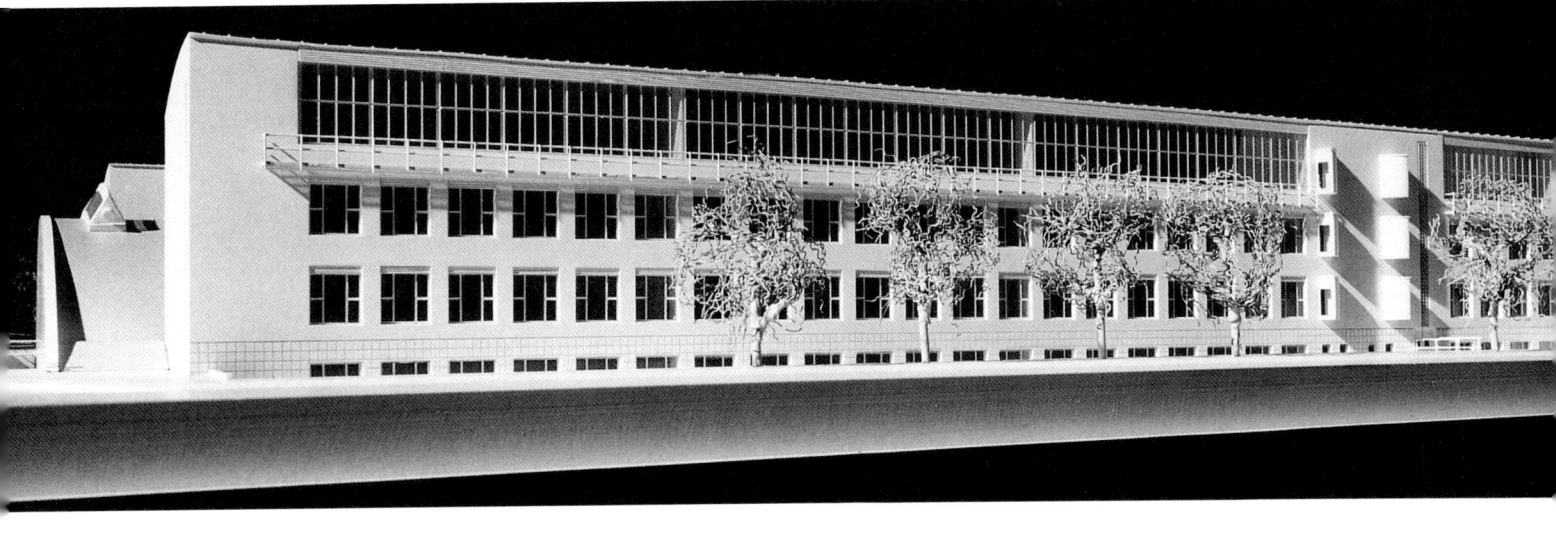

Modellfotos Klassentrakte Model class room tracts

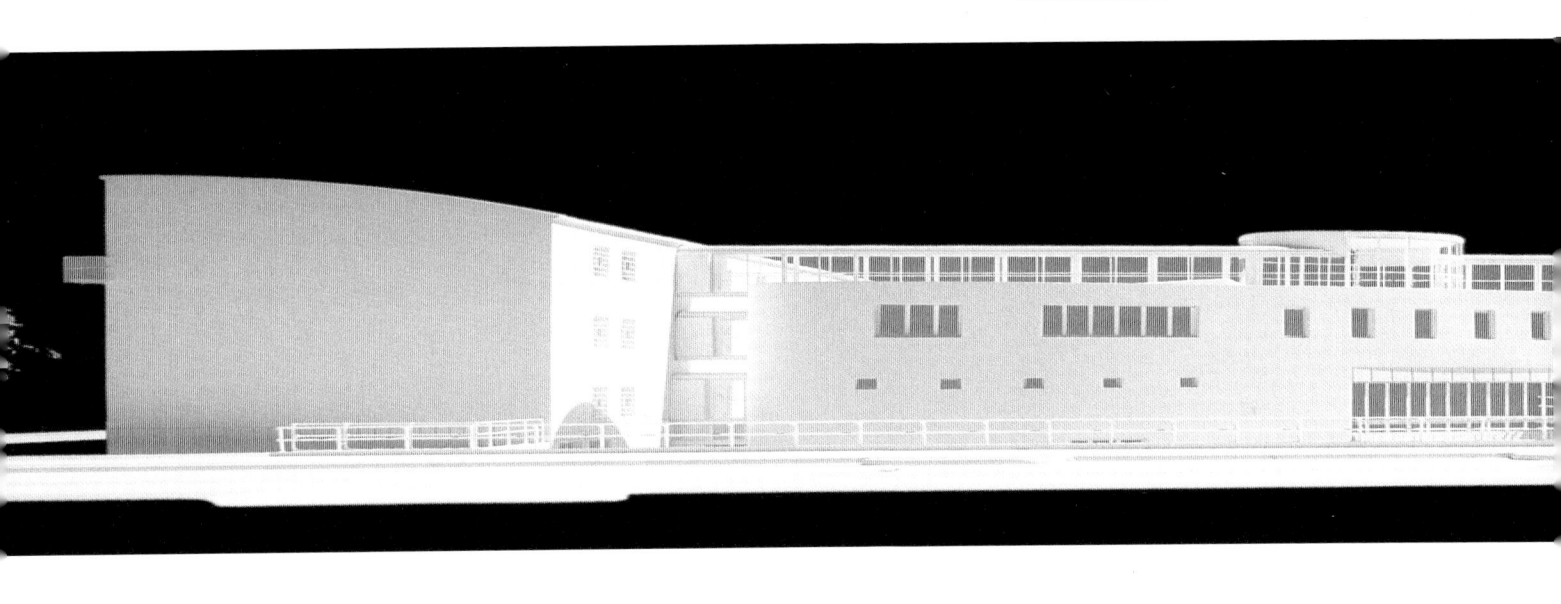

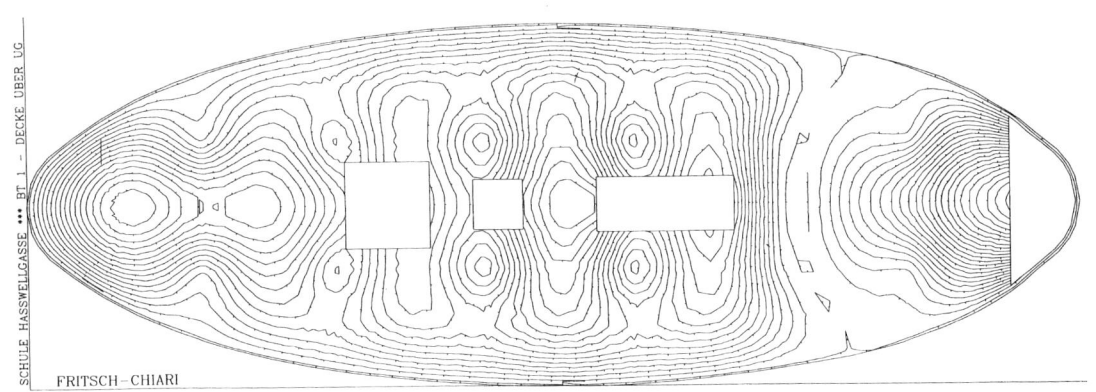

Decke über UG Ceiling of the basement

43

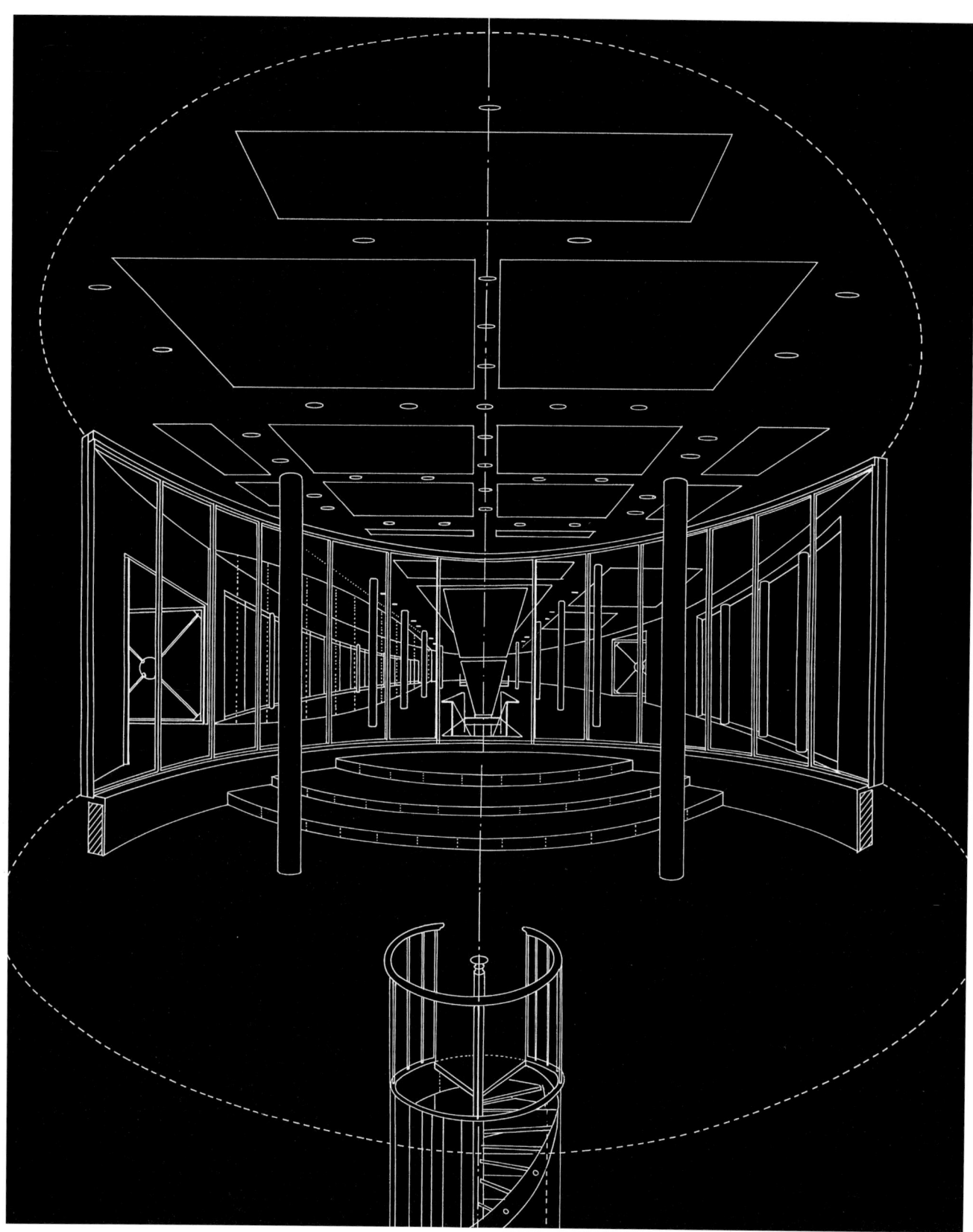

Schaubild Halle und Bibliothek Computer print of hall and library

Modellfoto Gesamtanlage Model, general view

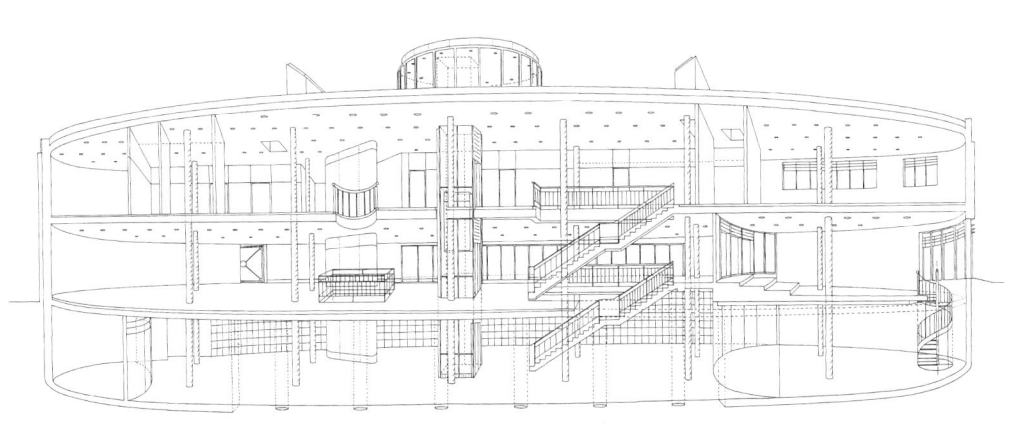

Schaubild Querschnitt Three dimensional computer image

45

VOLKSSCHULE 3-FACH TURNHALLE HAUPTSCHULE

TAGESHEIM

PAUSENHOF

VERWALTUNG

PAUSENHALLE

PAUSENHOF

Axonometrische Darstellung der Gesamtanlage
General view, axonometry

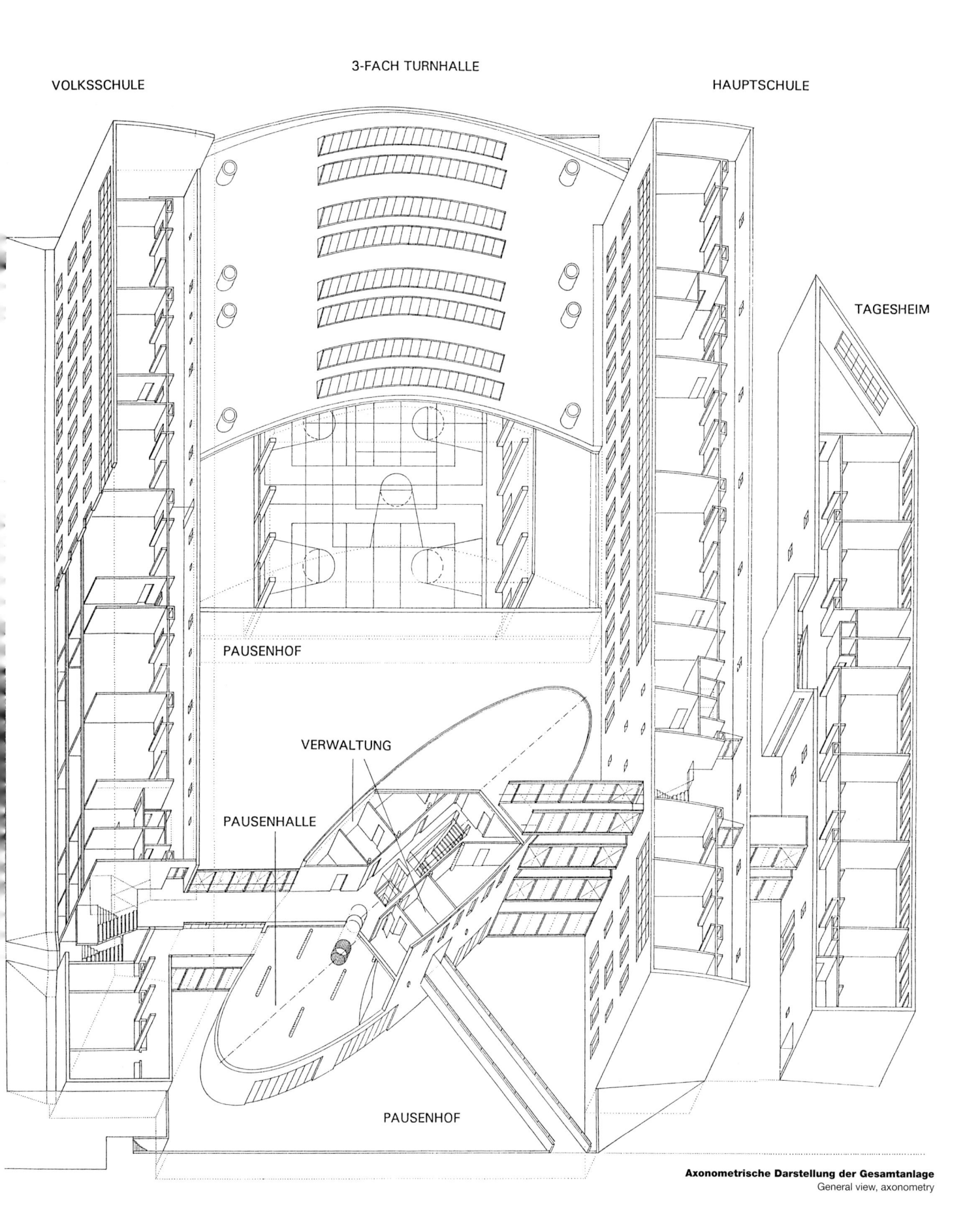

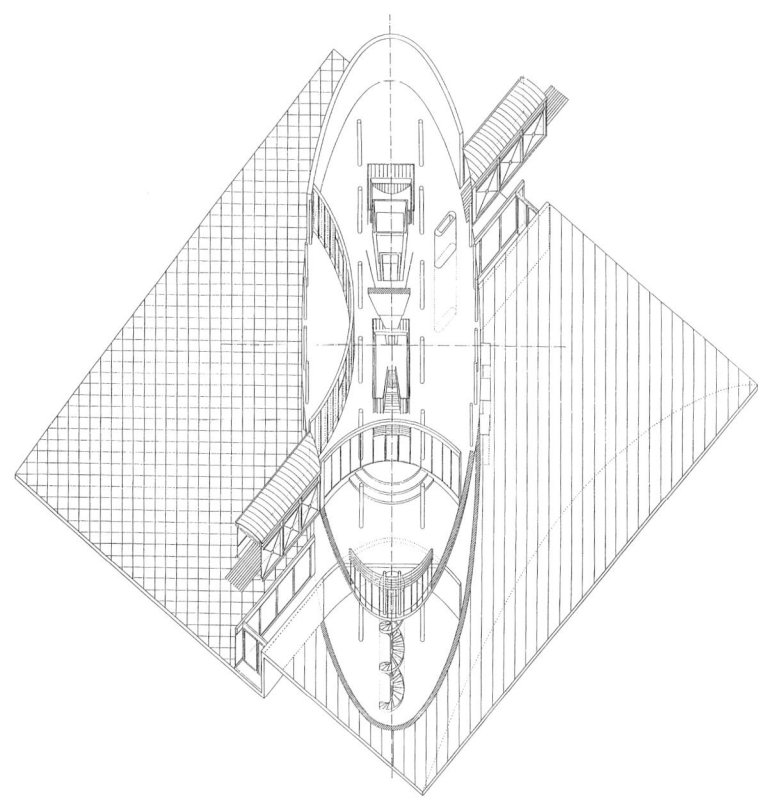

Axonometrie Eingangsgebäude und Pausenhalle Entrance building and recess hall, axonometry

Modellfotos Eingangsbereich und Pausenhof
Model views of entrance and recess court

47

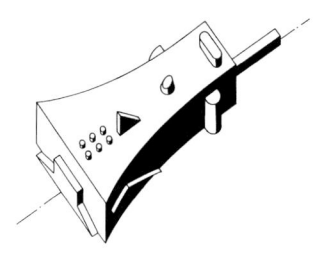

EVN-Forum

Maria Enzersdorf, Niederösterreich, 1991–1993

Zum bestehenden Verwaltungsgebäude aus den sechziger Jahren, schon damals von Gustav Peichl entworfen, war ein Erweiterungsbau für ein Kommunikationszentrum mit Mehrzwecksaal, Vortragsräumen und Sitzungszimmern sowie zusätzlichen Büroflächen und Nebenräumen zu errichten. Der Neubau ist an der Stirnseite des langen Altbautrakts über einen kurzen Gang in der Mittelachse an die bestehende Eingangshalle angedockt. Beginnend mit den Nebenräumen und normalgroßen Büros entwickelt sich das Gebäude in Fortsetzung des Mittelgangs von den kleinen zu den großen Räumen, wobei sich der Baukörper trompetenartig ausweitet. Der breite Kopf enthält ein aus dem Untergeschoß aufsteigendes, gestuftes Auditorium. Darüber, im Obergeschoß liegen zwei große Sitzungs- oder Seminarräume. Als Zwischenstück fungiert ein hallenartiges Eingangsfoyer, das über einen separaten Zugang vom Vorplatz her betreten werden kann. Eine luftige Treppe in einem weiträumig-rechteckigen, von Rundstützen gesäumten Ausschnitt leitet ins Untergeschoß hinunter, von wo das Auditorium zugänglich ist. Über ein Zenitallicht und einen kreisförmigen Deckendurchbruch fällt Tageslicht auf die Treppe

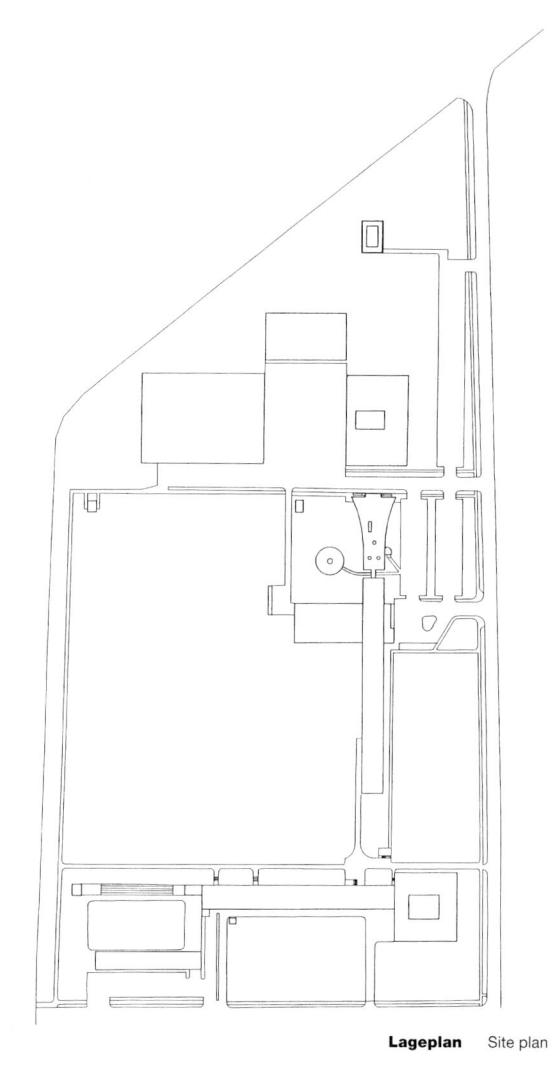

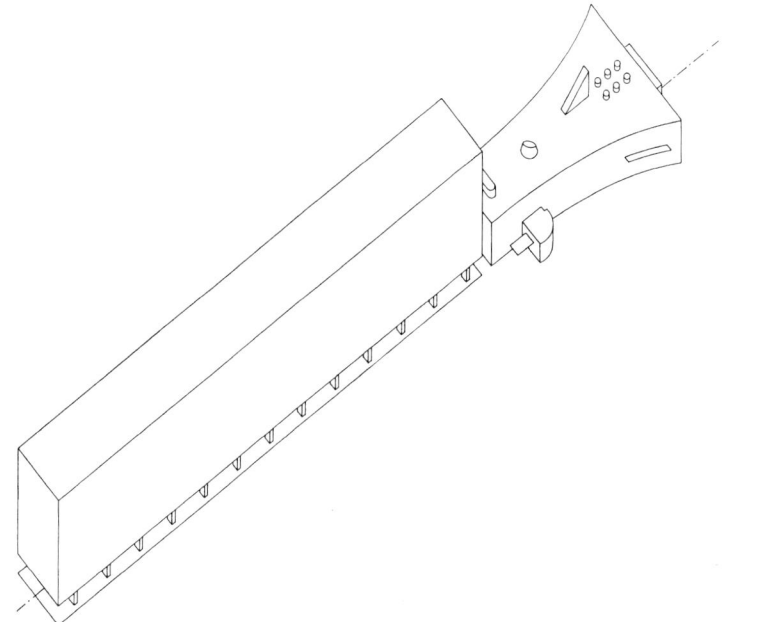

Lageplan   Site plan

Axonometrie mit bestehendem Verwaltungsgebäude   Axonometry with administration building

Saalbaukörper Südseite   Hall building, southern exposure

und breitet sich bis in das untere Foyer aus. Mit dem Lift sowie über eine Treppe im Obergeschoß gelangt man auf die begrünte Dachterrasse, wo die Körper der verschiedenen Oberlichte eine Architekturlandschaft bilden.
Die primär axialsymmetrische Gebäudeform enthält unterschiedlich große Räume und vielfältige Nutzungen, die dem klaren Volumen funktional sinnvoll eingeschrieben sind. Diese Heterogenität drückt sich aus in den differenzierten Öffnungen, welche in die Natursteinverkleidung der Fassade eingeschnitten sind: große Fenstertüren für die Eingangshalle, einfache Reihung bei den Büros oder ein rundes Auge vor der gemütlichen Sitzecke im Foyer. Dasselbe gilt für den Viertelzylinder des Windfangs und das Halbrund der Fluchtstiege. Mit diesen «Störungen» der exakten Symmetrie auf einer kleineren

49

Maßstabsebene gewinnt das Gebäude Leben. Da und dort erhält es auch einen verschmitzt anthropomorphen Anflug, der sich aber mit der Forderung der klassischen Moderne deckt, die Öffnungen an jene Stelle zu setzen, wo sie von innen her erforderlich sind.

EVN Forum
(Lower Austria Energy Supply Company)

Maria Enzersdorf, Lower Austria, 1991–1993

The existing office building, designed by Gustav Peichl in the 1960s, was to receive an extension for a communications centre with a multi-purpose hall, lecture rooms, and meeting rooms as well as additional office areas and secondary rooms. The new building is «docked» to the front of the long block of the older building with a short passage to the existing entry hall in the central axis. Beginning with the secondary rooms and regular offices, the building develops, expanding like the mouth of a trumpet, from small to large spaces in continuation of the central passage. The wide front section houses a multi-level auditorium rising out of the substorey. In the upper storey are two large conference or seminar rooms. A hall-like entry foyer functions as an intermediate element that can be entered through a separate entrance from the front square. An airy stairway in a spacious, square space rimmed by round columns leads to the substorey, from which the auditorium is accessible. Daylight enters the stairway and spreads all the way down into the lower foyer through a peak skylight and a circular hole in the ceiling. The elevator and a stairway in the upper storey provide access to the roof terrace, which is covered with greenery, and where the volumes of the various skylights form an architectural landscape. The

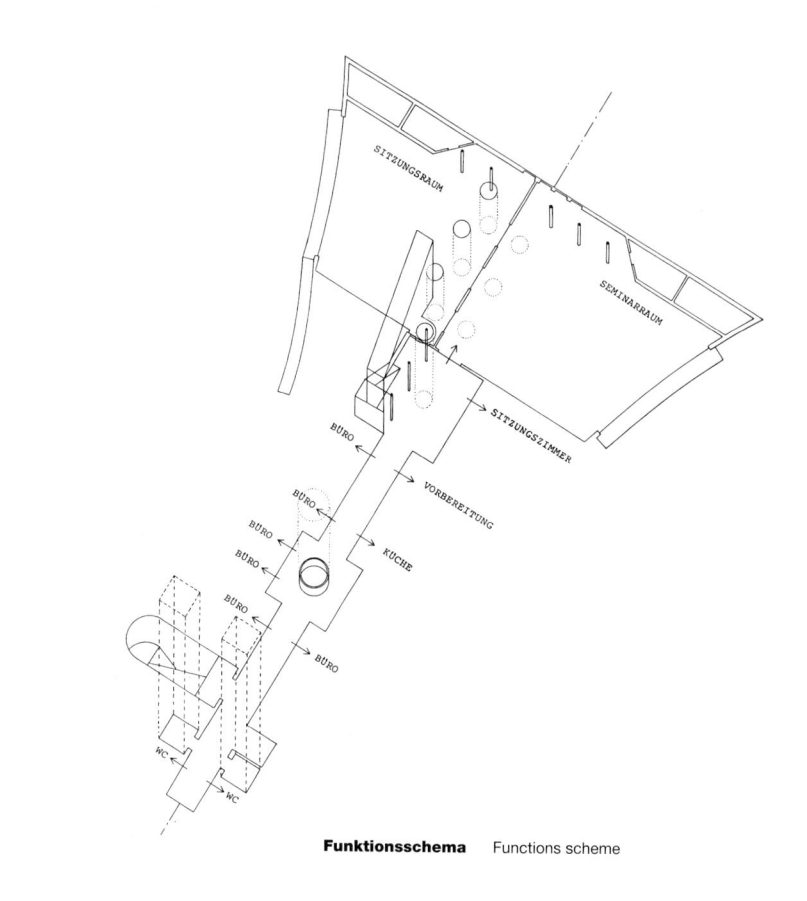

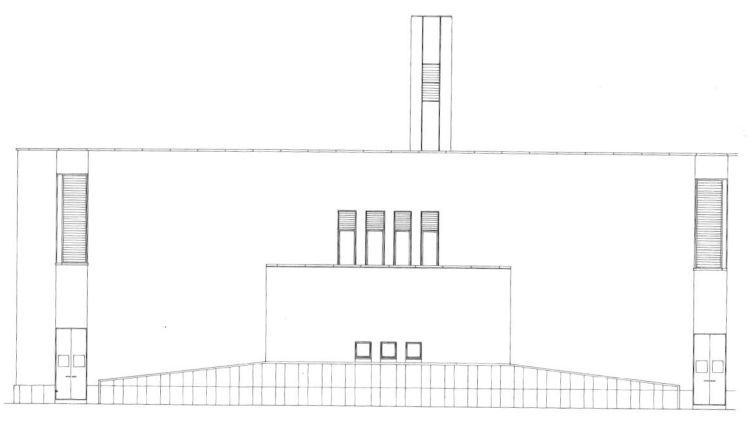

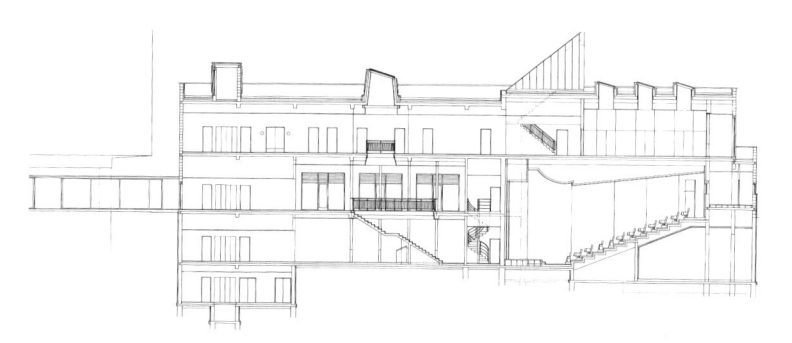

Funktionsschema Functions scheme

Ansichtszeichnung und Längsschnitt Elevation and longitudinal section

Blick vom Treppenhaus in das Obergeschoß
View from stairwell to first floor

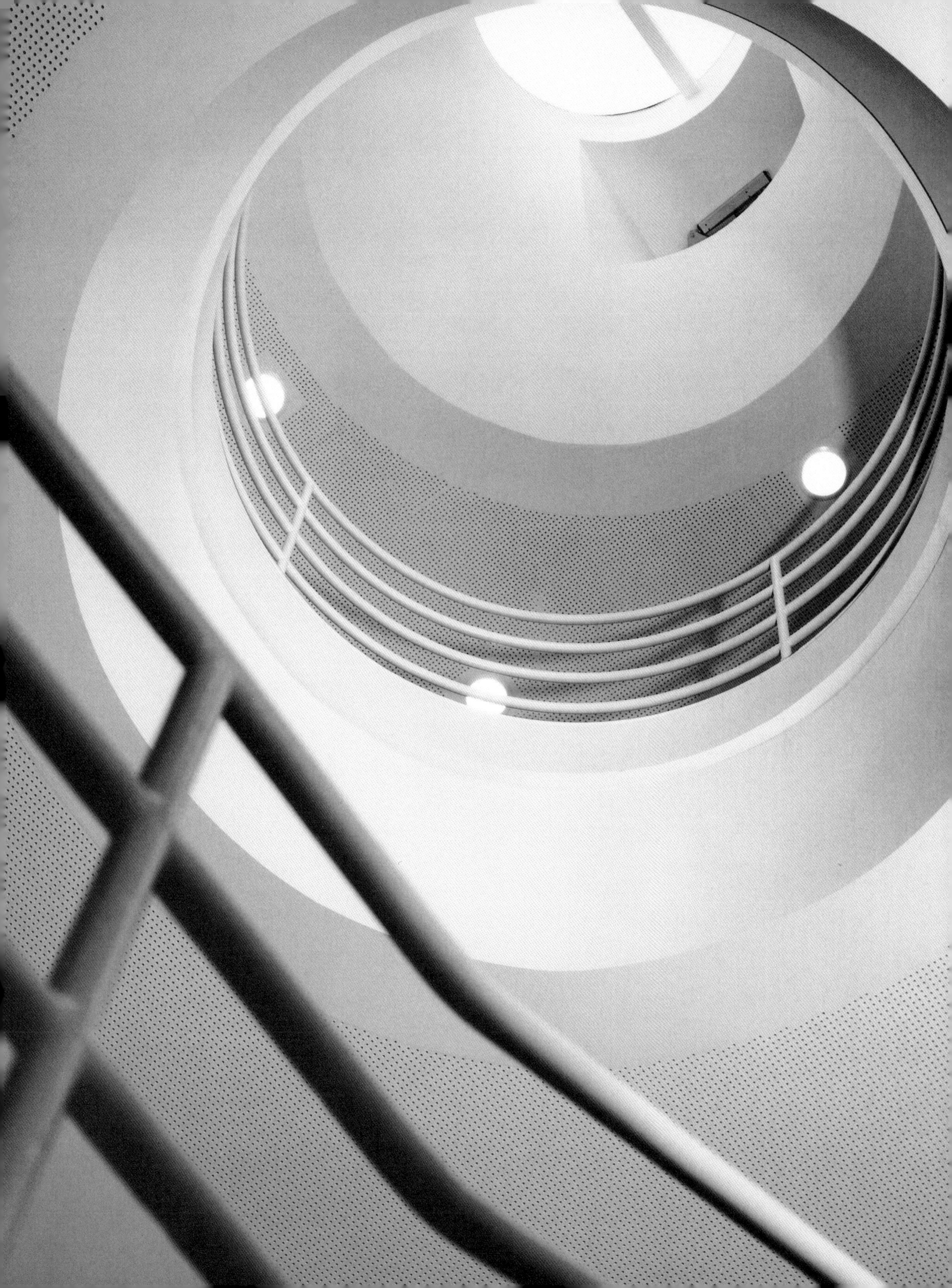

building shape, largely axially symmetrical in form, contains spaces of various sizes and a variety of functions which are clearly superimposed on the clear volume. This heterogeneity is expressed in the differentiated openings punched through the natural-stone cladding of the facade: large French doors for the entrance hall, offices in simple rows, or a round eye in front of the comfortable seating corner in the foyer. The same applies to the quarter-cylinders of the draft preventer and the semi-circle of the emergency exits. The building acquires life from these «disturbances» of precise symmetry on a smaller level of scale. Here and there the building also has a mischievously anthropormphic touch always corresponding, though, to the demand of classical modernism that openings should be located wherever they are needed inside.

Dachlandschaft mit Oberlichtern
Roof landscape with lights cupolas

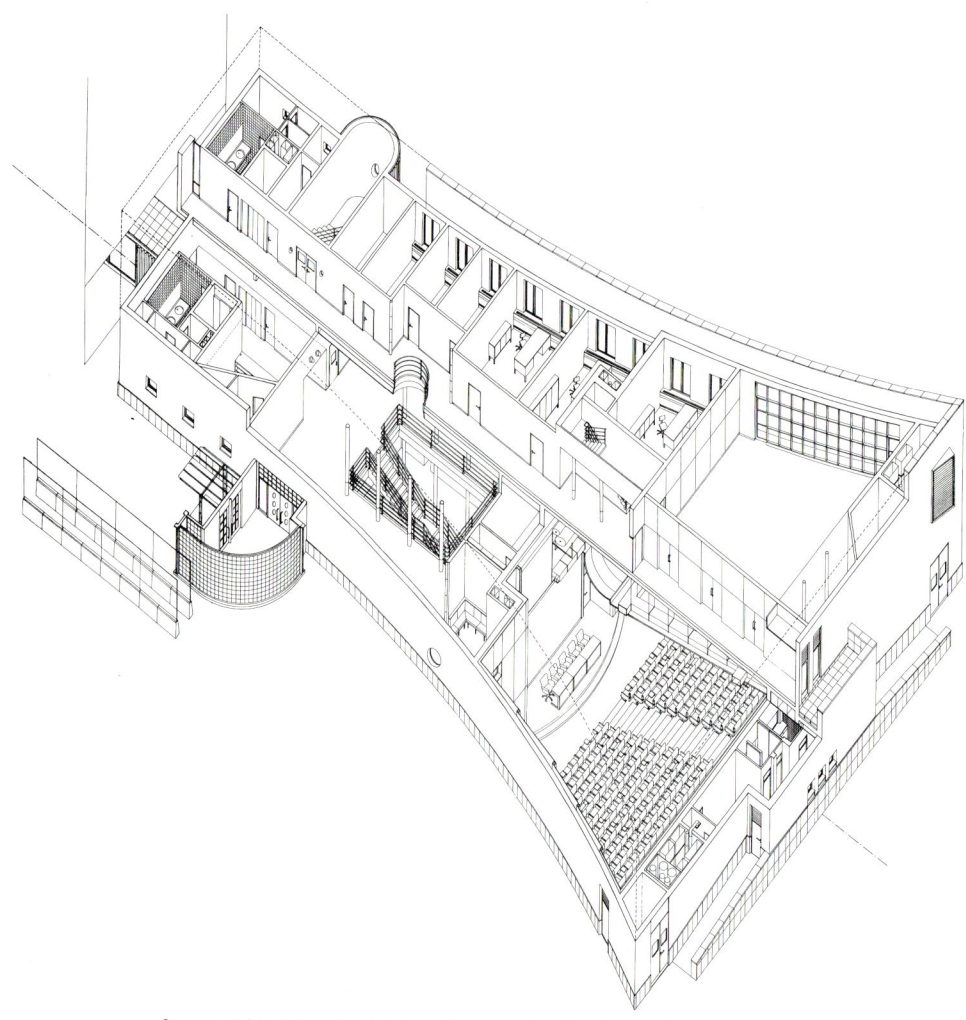

Axonometrie mit Haupteingang und Mehrzwecksaal   Axonometry, main entrance and multi-prupose hall

52

Zentraler Gang mit Blick in das Obergeschoß View from the central hallway to floor above

Zentralperspektive mit Schnitt Overhead view

53

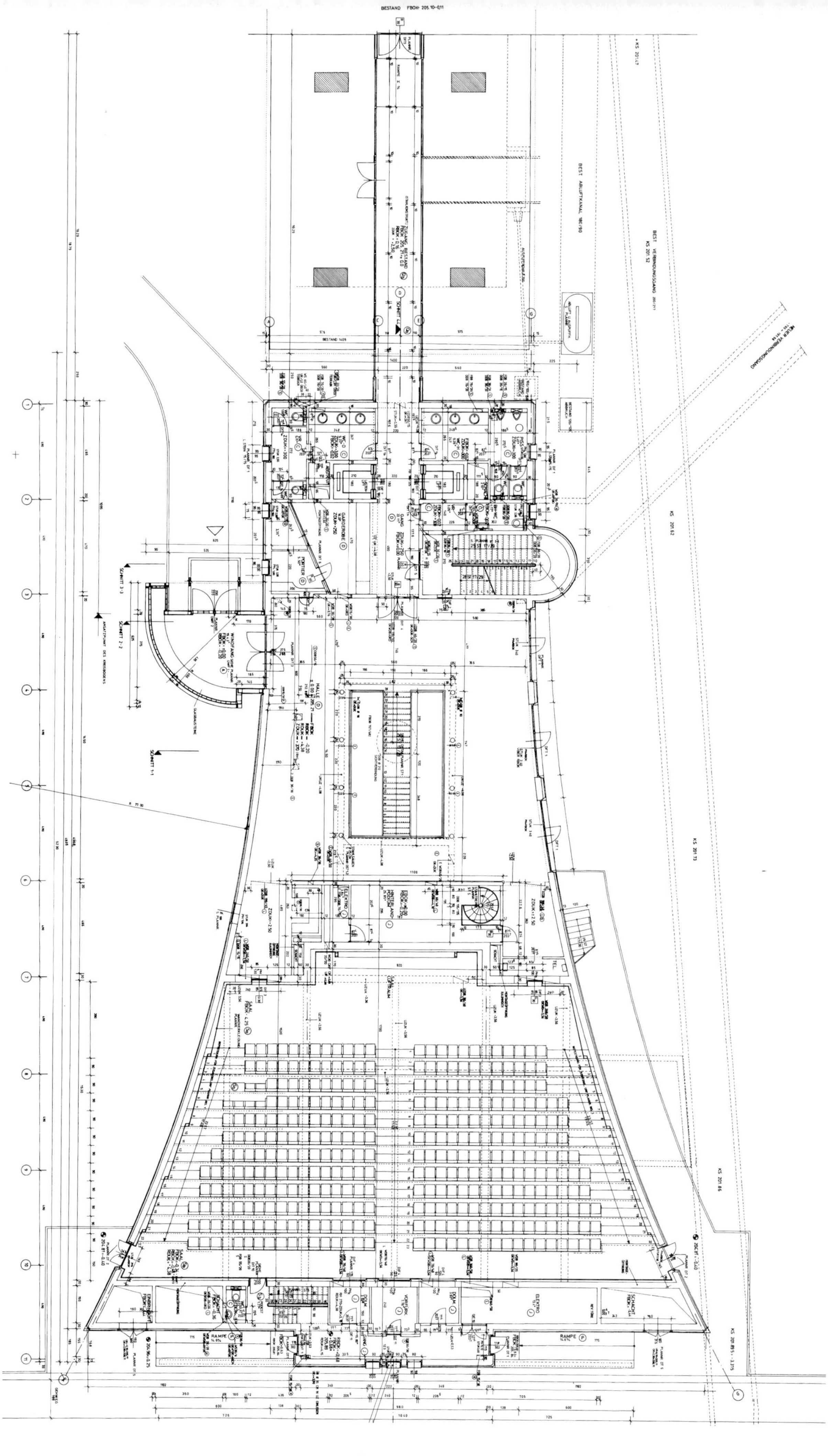

Blick zur bestehenden Anlage mit Liftturm View of preexisting structures with lift tower in foreground

Grundrißplan
Ground floor plan

55

Probebühne des Burgtheaters

Arsenal, Wien-Landstraße, 1990–1993

Im hinteren Bereich des Wiener Arsenals, wo die strenge historistische Ordnung der Bauten sich mit den Jahren gelockert hat, war eine Ecke frei mit ausreichend Fläche für zwei große Hallen und einen dazwischengeschobenen kleinen Baukörper mit Vertikalerschließung, Künstlergarderoben, Büros, Sozial- und Nebenräumen. Die Hallen wurden aus vorgefertigten Betonelementen konstruiert, lindgrünes Trapezblech dient als Außenhaut. Sie enthalten im Erd- und im Untergeschoß insgesamt vier Probebühnen: 30,0 x 25,5 m; 30,0 x 21,0 m; 10,0 x 20,0 m und 14,0 x 23,0 m. Vor der Ansichtsseite stehen zwei große alte Bäume; mächtige Schiebetore ermöglichen die Einfahrt mit Transportfahrzeugen zum Abladen von Kulissen und Requisiten, da die Hallen auch dem Fernsehen zu Aufnahmezwecken dienen. Vor dem Diensttrakt im Mittelbereich liegt ein zwei Geschosse tief abgesenkter Hof mit Rasenboden und einem Baum. Er dient der Belichtung von Aufenthaltsräumen im zweiten Untergeschoß. In warmen Sommern ist er aber auch als angenehmer Pausenbereich zu nutzen. Der Zugang zum Diensttrakt findet sich an der anderen Seite, ein bescheidener Viertelzylinder aus Glasbausteinen bildet den Windfang. Das Innere ist um eine viergeschossige Treppenhalle herum organisiert. Dreimal durchstößt ein schmaler Stiegenlauf das hohe Raumprisma, über dem eine steile Glaspyramide für Lichteinfall sorgt. Obwohl sparsam als Zweckbau und weitab vom Glanz der City errichtet, bleibt es offensichtlich: Dies ist ein Kulturbau.

Entwurfsskizze Drawing

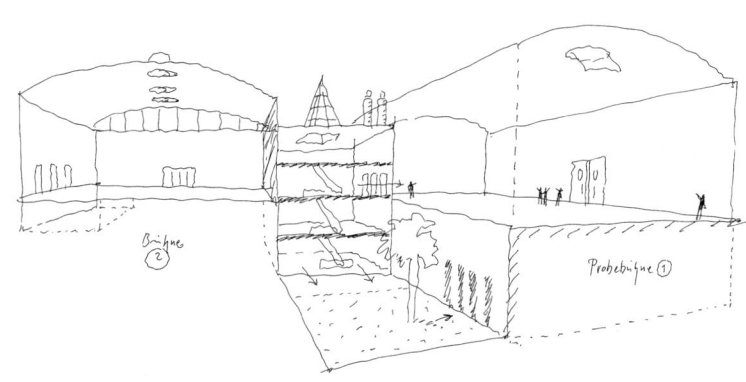

Perspektivskizze Perspective

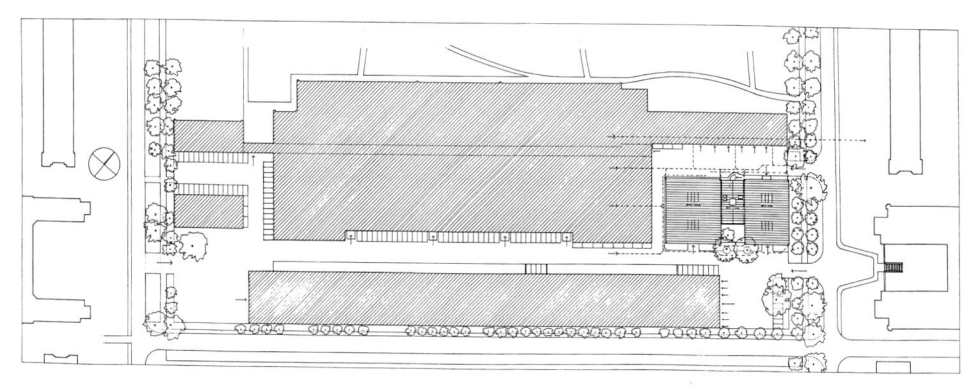

Lageplan Site plan

Probebühne I mit Blick zum Atriumhof Rehearsal stage facing atrium yard

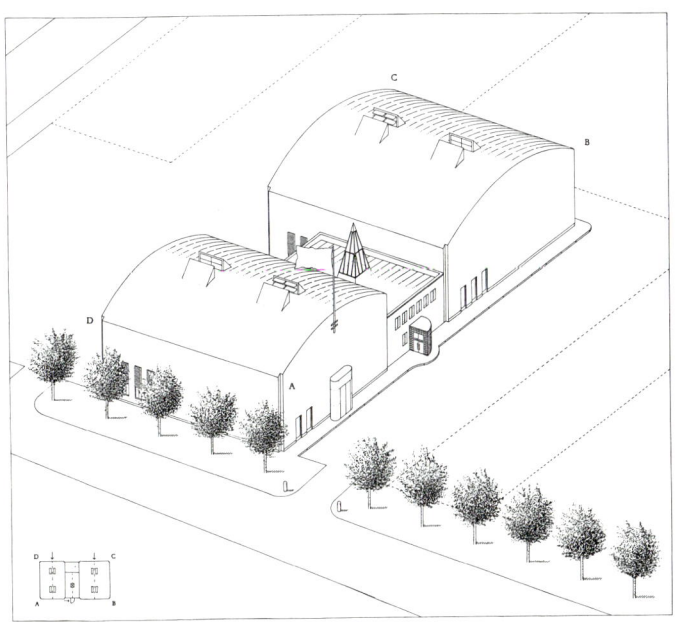

Gesamtanlage Overhead view

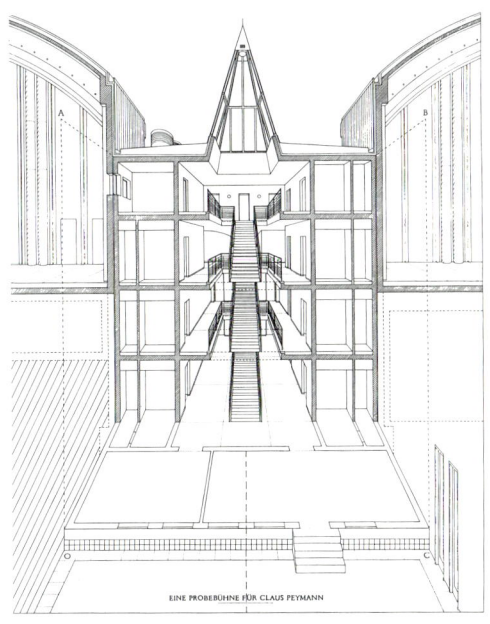

Zentralperspektive mit Schnitt Section in perspective

57

Rehearsal Stage of the Burgtheater

Arsenal, Vienna Landstrasse, 1990–1993

The rear area of the Vienna Arsenal, where the strict historical order of the buildings has grown looser with the years, contained an empty corner with enough area for two large halls and, inserted between them, a small built volume with vertical access, dressing rooms, offices, and staff and secondary rooms. The halls were designed on the basis of prefabricated concrete elements, and green trapezoid sheet steel serves as the external skin. The ground floor and substorey levels of the halls contain four rehearsal stages: 30 x 25.5 m; 30 x 21 m; 10 x 20 m; and 14 x 23 m. Two large old trees stand in front of the elevation side; massive sliding gates provide access for transport vehicles for the unloading of sets and props, since the halls are also used for the recording of television broadcasts. A sunken court two floors deep with a grass floor and a tree lies in front of the service tract in the central area. The court provides light to the rooms in the second substorey. In warm summers, however, it can also be used as a pleasant area for pauses. Access to the service block is located on the other side; a modest quarter-cylinder of glass bricks forms the draft preventer. The interior is organised around a four-storey stairwell. A narrow catwalk penetrates the high spatial prism three times; a steep glass pyramid above it provides light. Although erected as a low-cost functional building far away from the glamour of the city centre, it remains obvious that this is a building for culture.

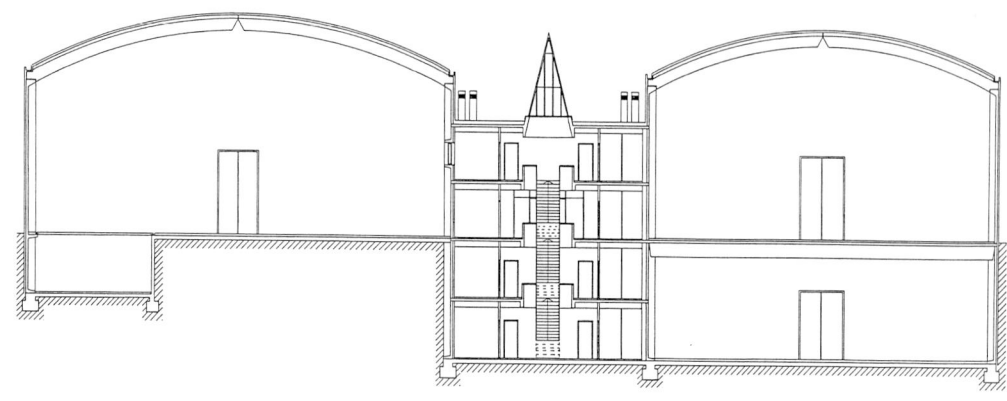

Schnitt Section

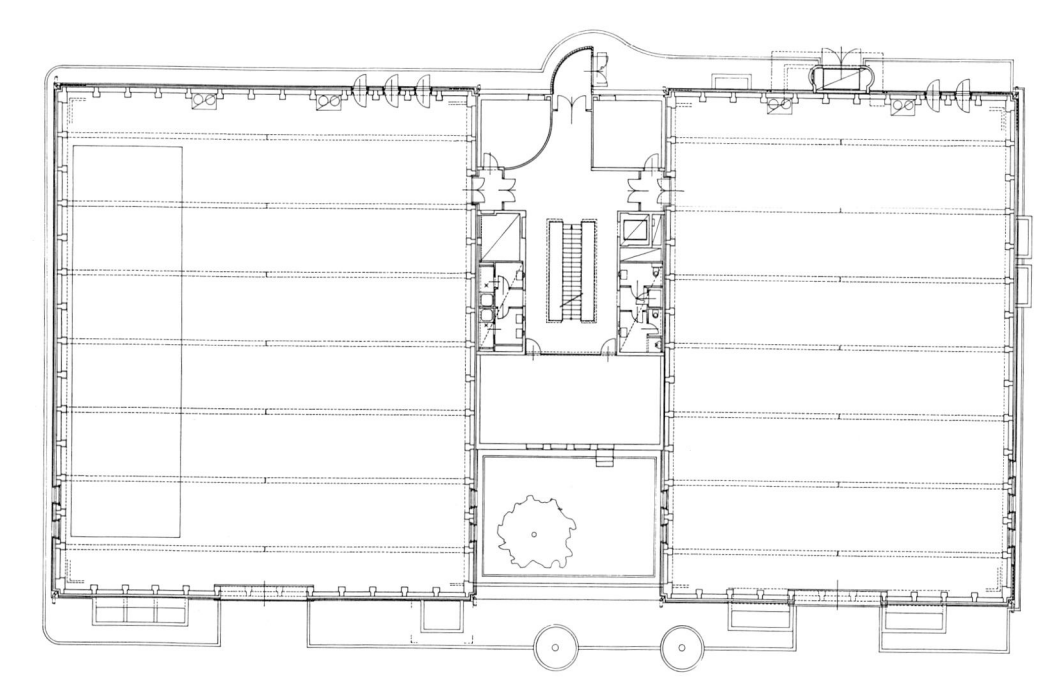

Grundriß Erdgeschoß Plan of ground floor

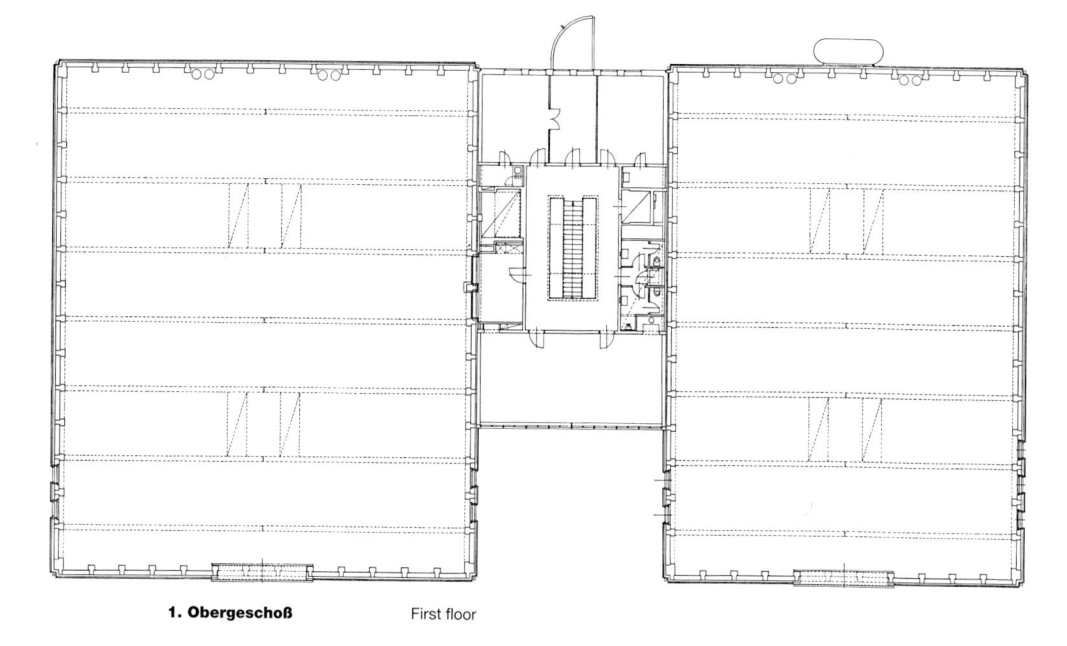

1. Obergeschoß First floor

Zentrale Halle mit Stiegenabgang
Central hall with stairway

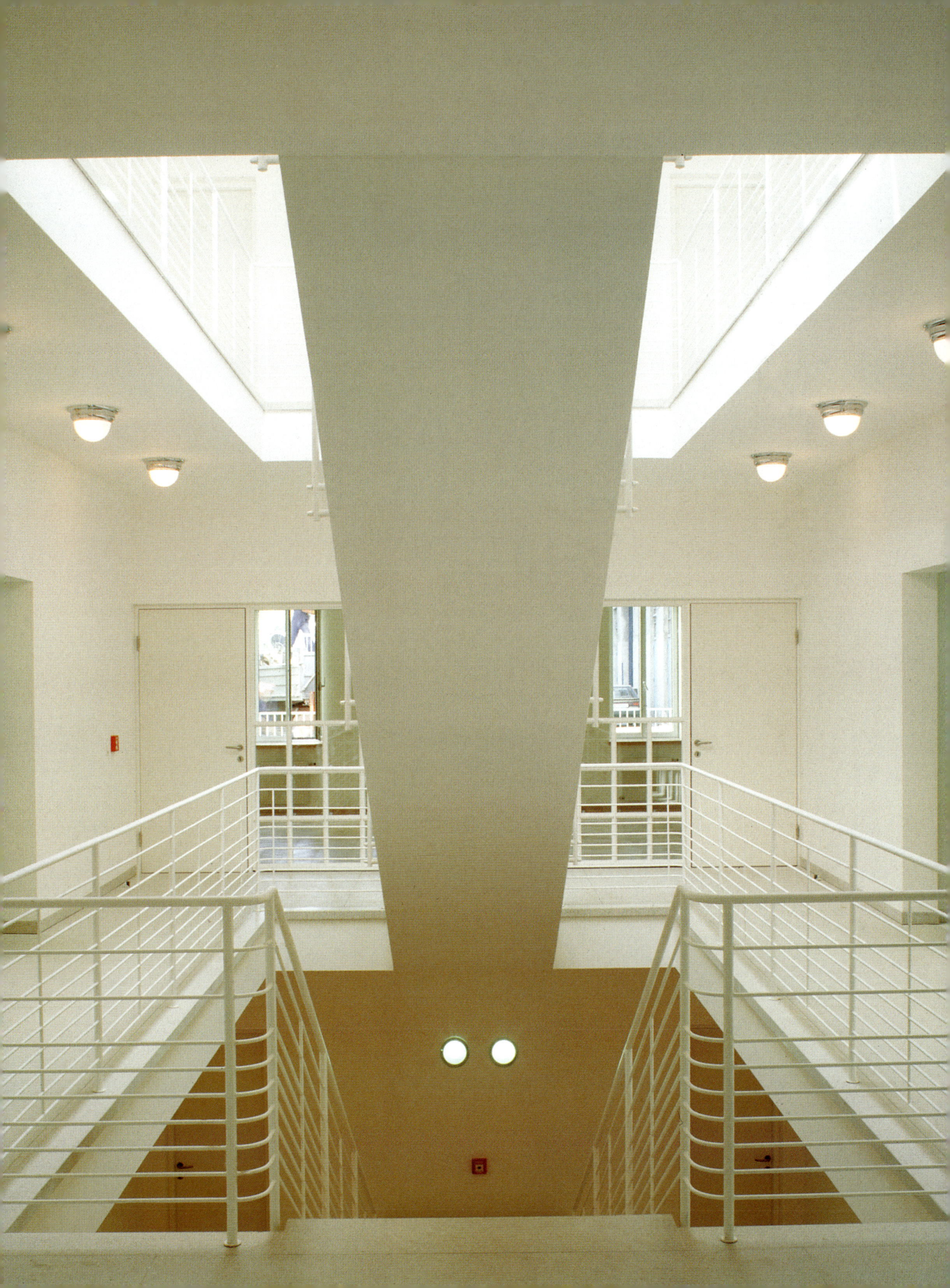

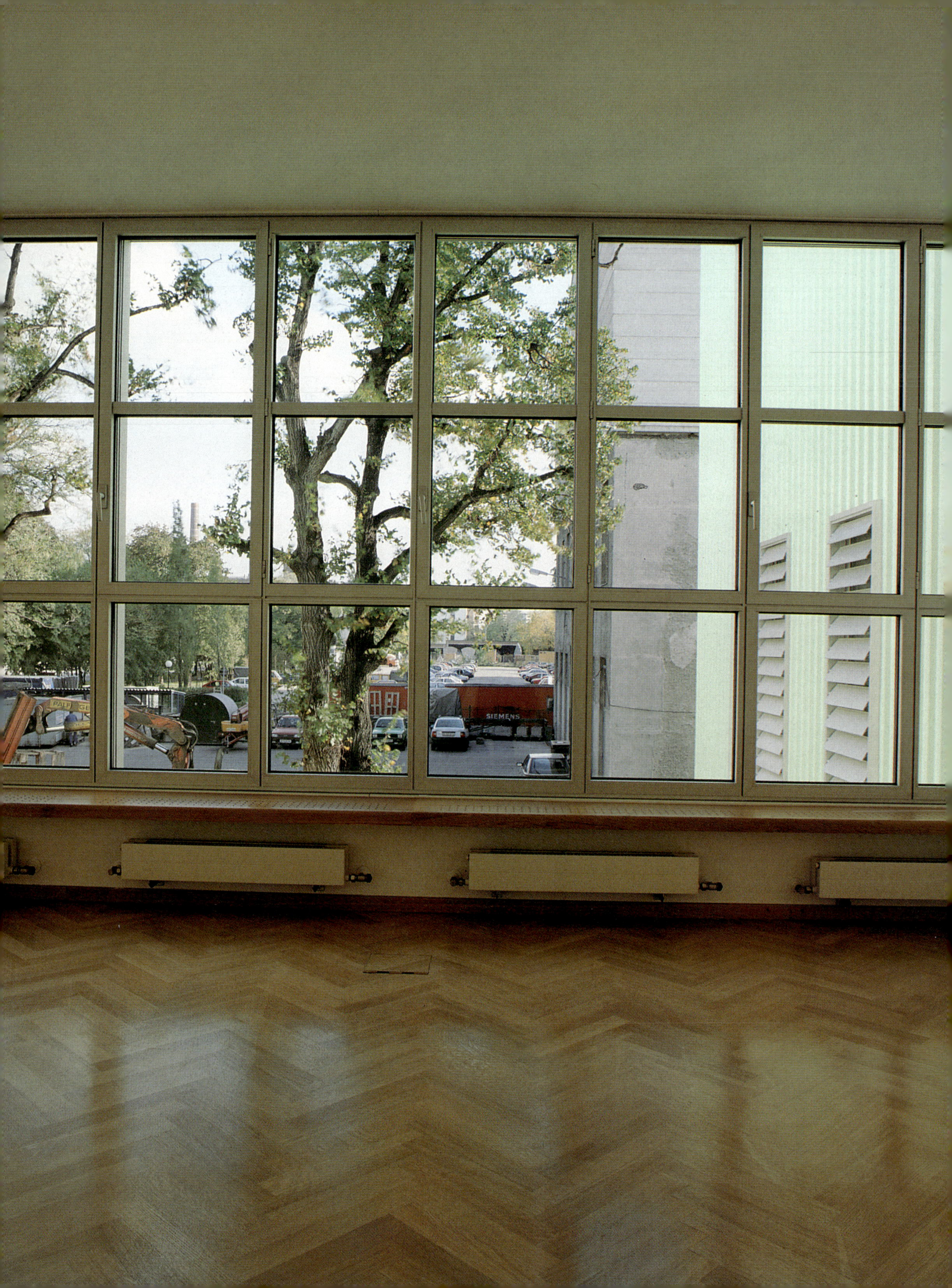
SIEMENS

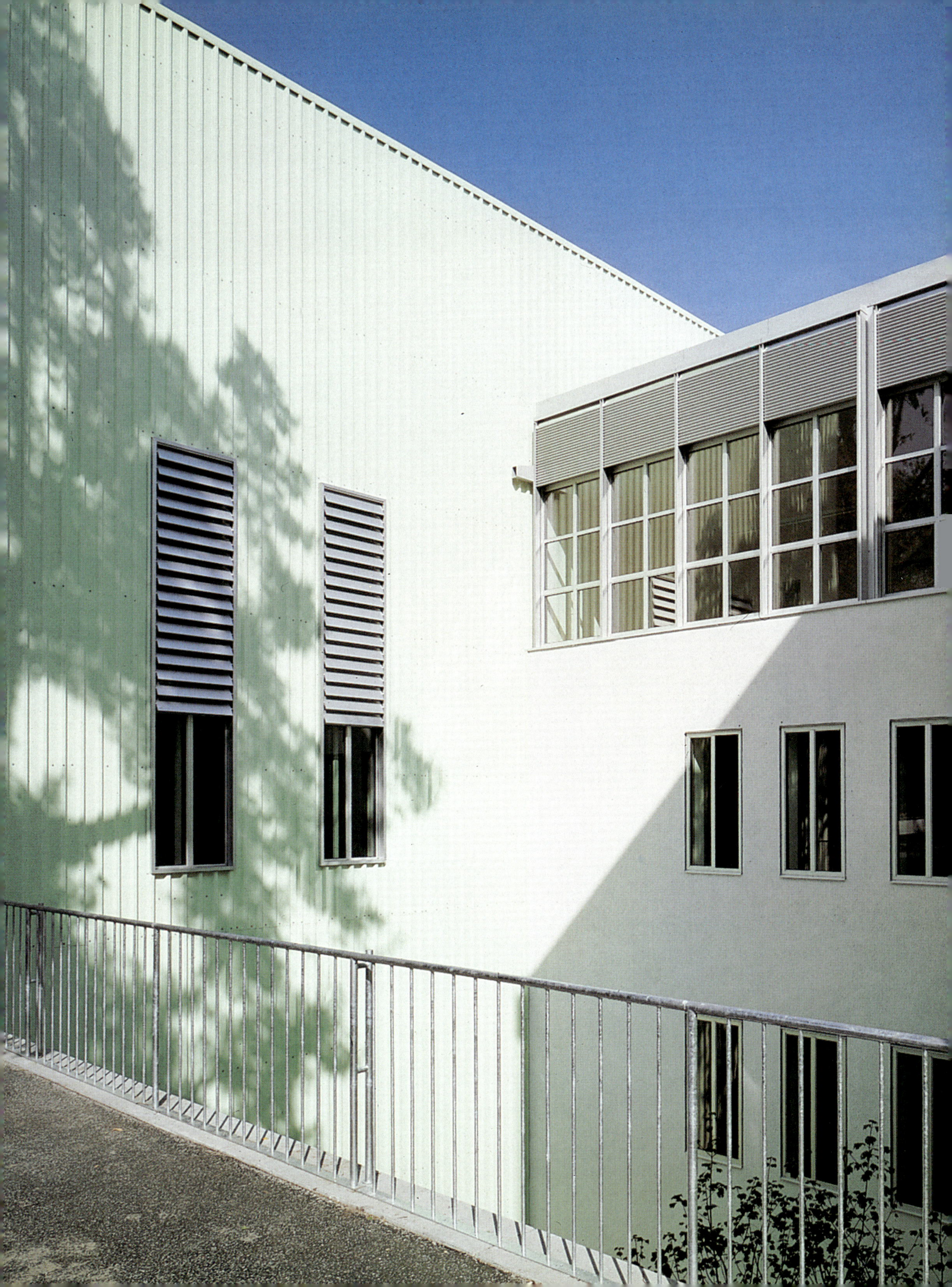

Zentrale Halle mit Oberlicht Central hall with light pyramid

Dachlandschaft mit Oberlicht Pyramid rising from roof

Großer Probenraum Large practice room

Eingang mit Windfang Entrance with wind screen

Fenster der großen Halle Windows of central hall

Zentrale Halle Central hall

Windfang mit Blick in die zentrale Halle View to the central hall

Aufenthaltsraum mit Blick in die zentrale Halle Recreation room adjacent to central hall

Europäisches Filmzentrum

Berlin Babelsberg, 1995

Auf dem Gelände der traditionsreichen Babelsberger Studioanlagen sollte ein fünfgeschossiges High-Tech-Center errichtet werden, dessen Grundmaße 70 x 52 m betragen sollten. Das durchrationalisierte Projekt sah einen Kranz von Büroräumen vor, der in den Obergeschossen an drei Seiten die beiden hohen Studiohallen umschließt – sowie kleinere Studioräume, ein Auditorium und zahlreiche Diensträume, die kein Tageslicht benötigen. Die Eingangshalle im Erdgeschoß wird flankiert von einem Café sowie von Ausstellungs- und Verkaufsräumen; Werkstätten und Garderoben schließen an. Im Dachgeschoß befinden sich ein Medienlabor, die Bibliothek, Räume der Geschäftsleitung und ein ausgedehnter Dachgarten. Die Großform des mächtigen Quaders wird relativiert mittels vor der Glasfassade montierten Sonnenblenden und dazwischenliegenden Reinigungsstegen. Den Eingang markiert eine bespielbare Schautafel, die der Hauptfassade einen charakteristischen Ausdruck verleiht. Trotz sparsamster konstruktiv-technischer Konzeption kam das Projekt nicht zustande.

European Film Centre

Berlin Babelsberg, 1995

A five-storey high-tech-centre with basic dimensions of 70 x 52 m was to be built on the site of the tradition-rich movie studios in Babelsberg. To meet intensified demands for economical operation, the project started out with a ring of office spaces that would enclose the two

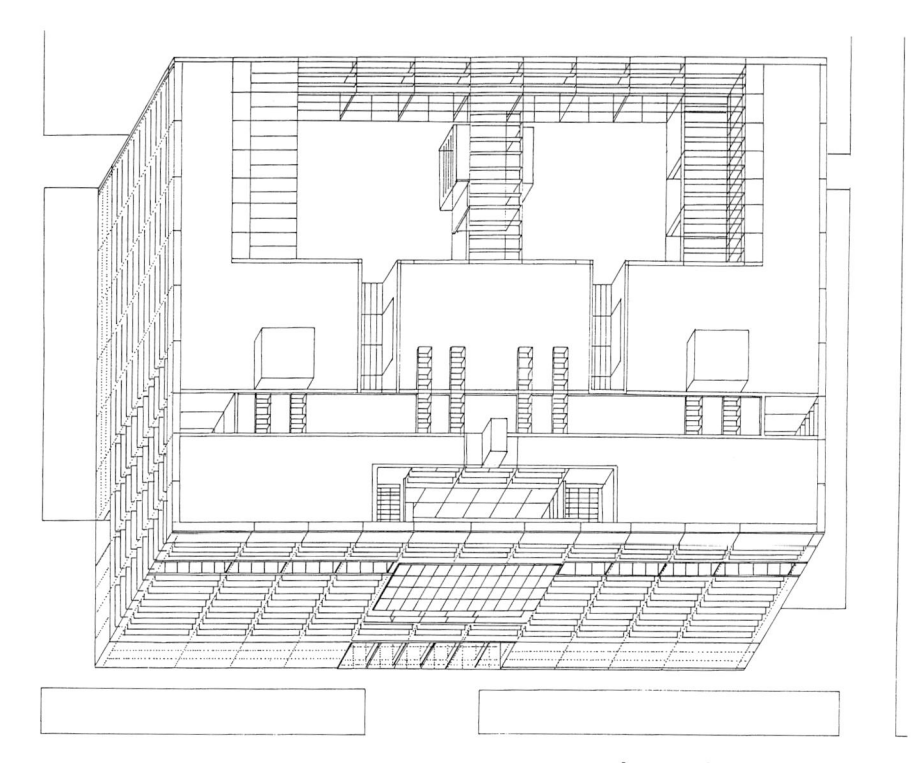

Axonometrie Axonometry

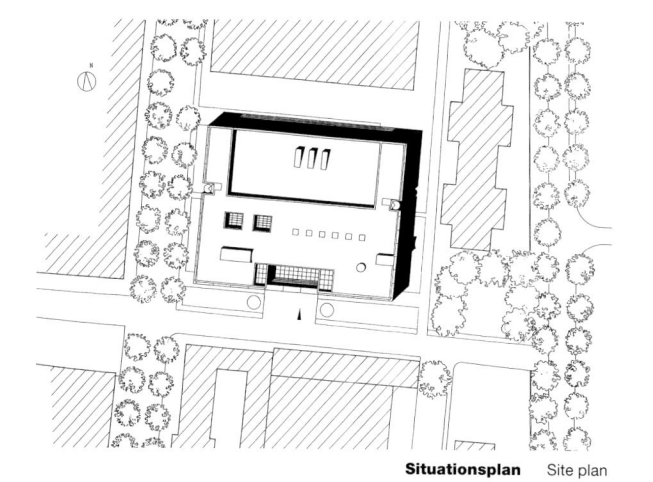

Situationsplan Site plan

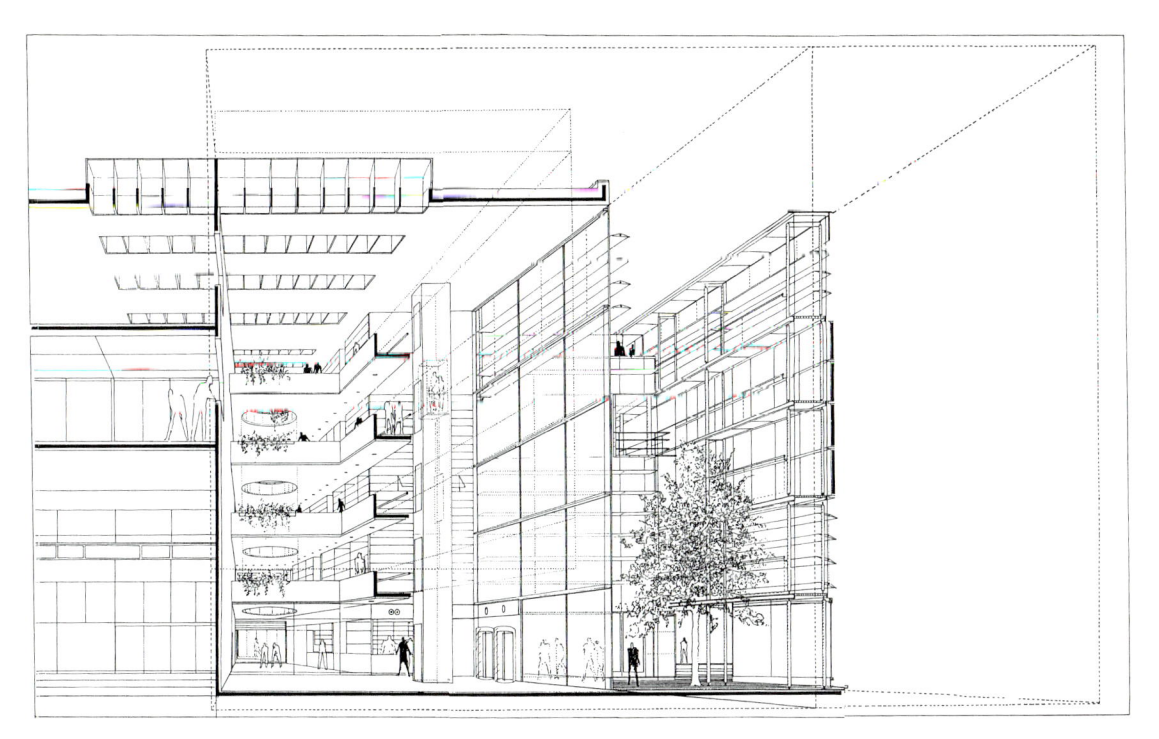

Schnittperspektive Eingangshalle   Section in perspective, entrance hall

tall studio halls on three sides in the upper storeys as well as smaller studio spaces, an auditorium, and numerous service spaces that require no daylight. The entrance hall in the ground floor is flanked by a cafe as well as by sales and exhibition rooms; workshops and dressing rooms follow. The top floor houses a media laboratory, the library, offices for the management, and a spacious roof garden. The large form of the massive cube is relativized by sunshades mounted in front of the glass facade and the cleaning catwalks located between them. The entrance is marked by a display board that gives characteristic expression to the main facade. The project was not completed despite extremely economical structural and technical planning.

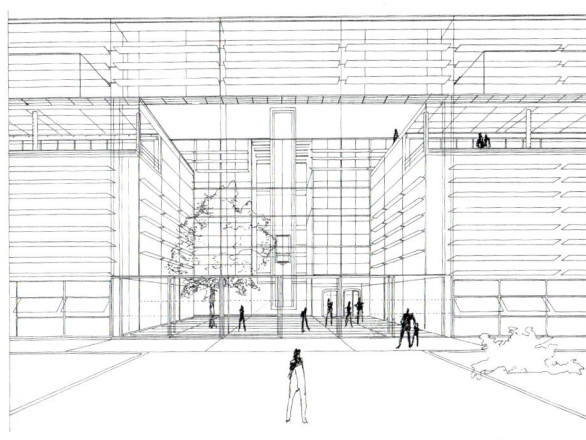

Perspektive mit Eingangshof   Entrance court

67

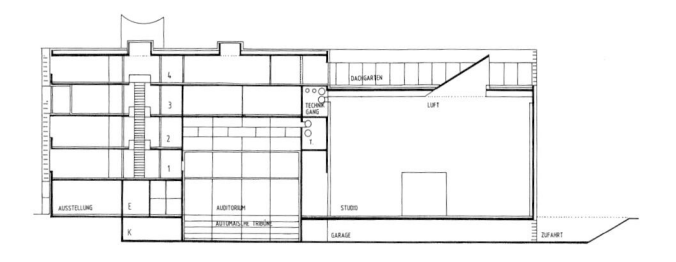

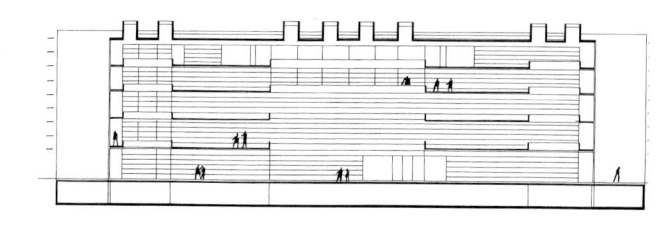

Schnittzeichnungen Sections

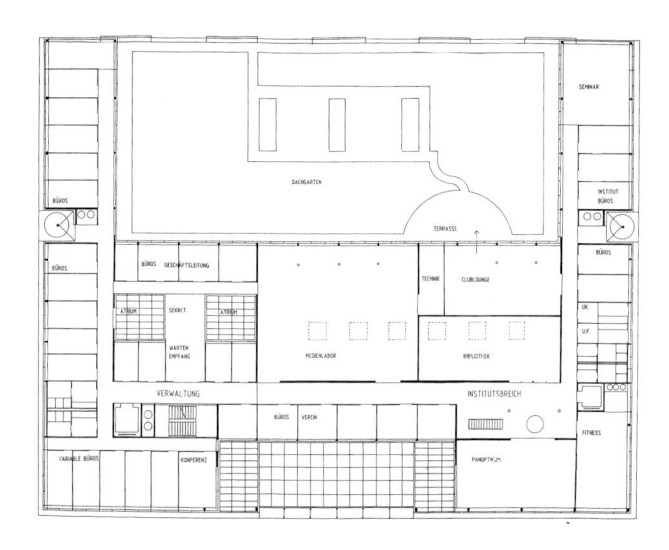

Grundrisse Floor plans

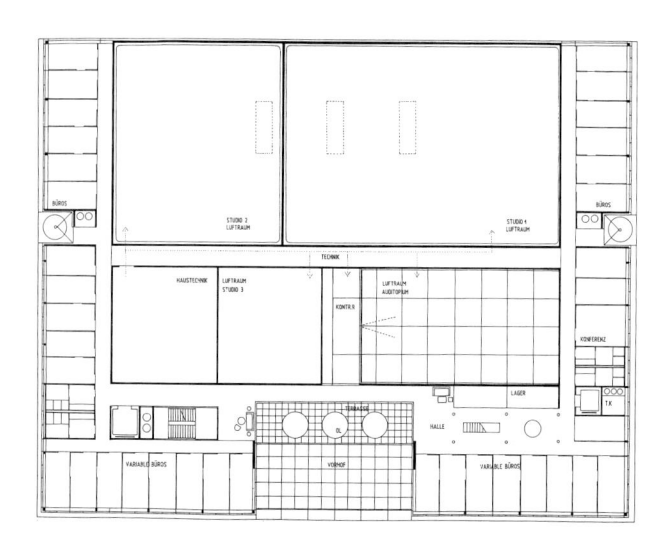

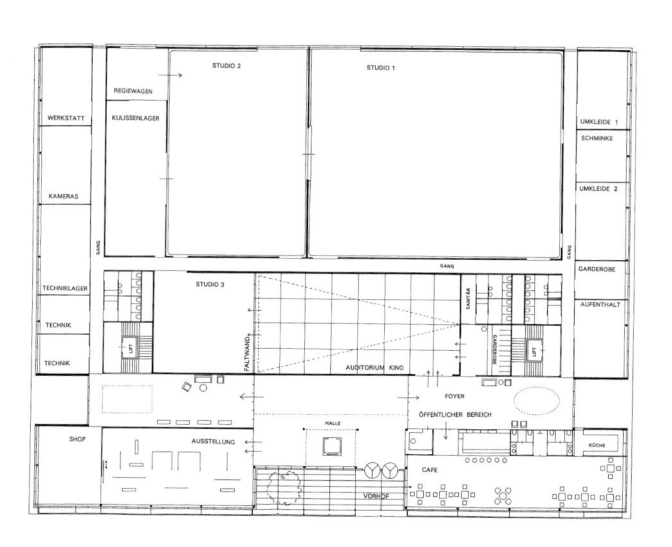

68

Modellfoto Model

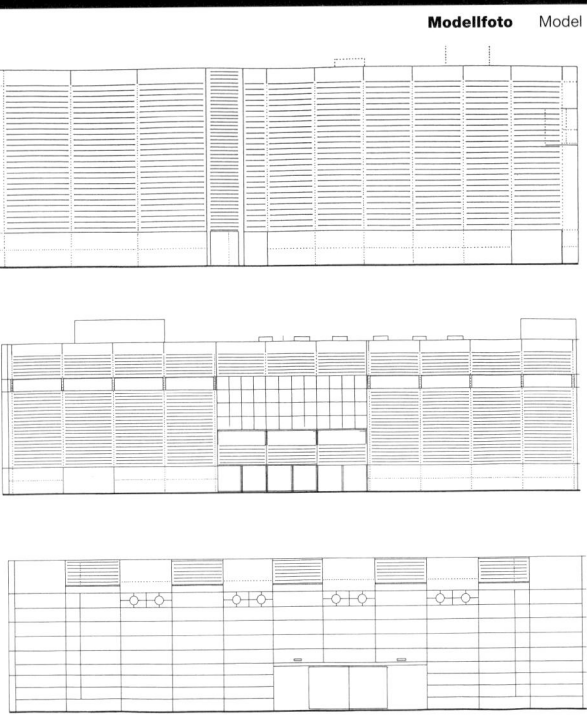

Ansicht und Schnittzeichnungen Sections and general view

69

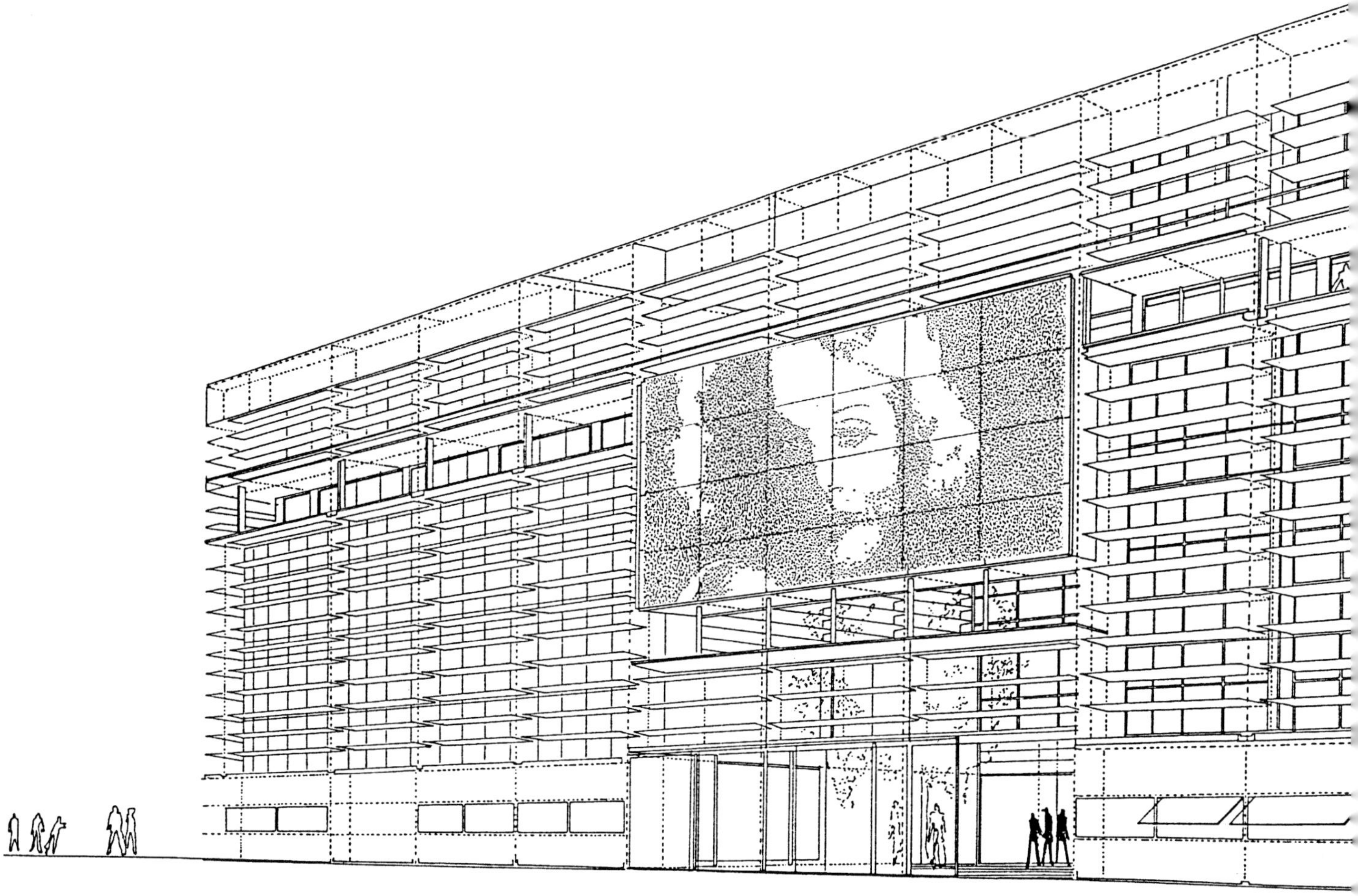

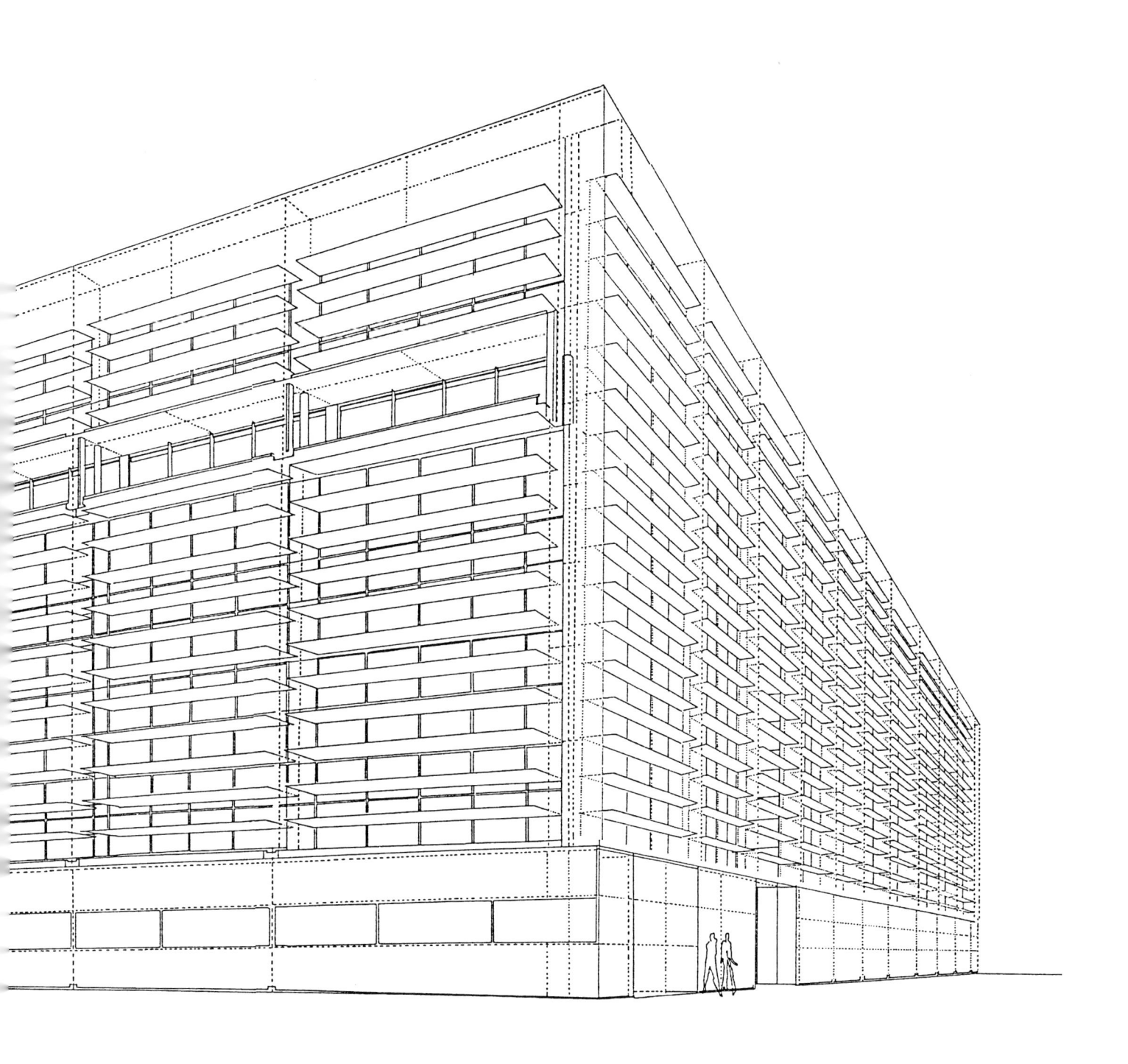

Schaubild mit Haupteingang (Marlene Dietrich-Halle) Perspective scheme with entrance (Marlene Dietrich Hall)

Werkraumtheater

Probengebäude Münchner Kammerspiele, 1990

Im östlichen Teil der Münchner Innenstadt, zwischen Neuturm- und Falckenberggasse wird das Probengebäude als selbständiger Baukörper gleicher Traufenhöhe situiert, so daß rundherum ähnliche Straßenräume entstehen wie in der übrigen Innenstadt. Wie ein provisorisch herausgedrehtes Kulissenelement wirkt der Gebäudeeingang, er erzählt ein wenig von der illusionistischen Welt des Theaters. Das Prinzip der umlaufenden Raumschicht wird im Gebäudeinneren wiederholt: Der erdgeschossige, auch für Publikumsbetrieb gedachte Theatersaal wird von einem Kranz von Neben- und Foyerräumlichkeiten eingefaßt. Diese Struktur setzt sich im Untergeschoß fort, wo weitere Proberäume liegen. Das Dach mit doppelt gestaffeltem Aufbau wiederholt das Prinzip ineinandergeschachtelter Räume und bildet es zeichenhaft ab: In zwei Stufen steigt ein jeweils kleinerer Körper aus dem darunter befindlichen Volumen heraus. Ein Dachumgang an der frischen Luft bietet die Möglichkeit einer individuellen Erfahrung dieser architektonischen Zusammenhänge.

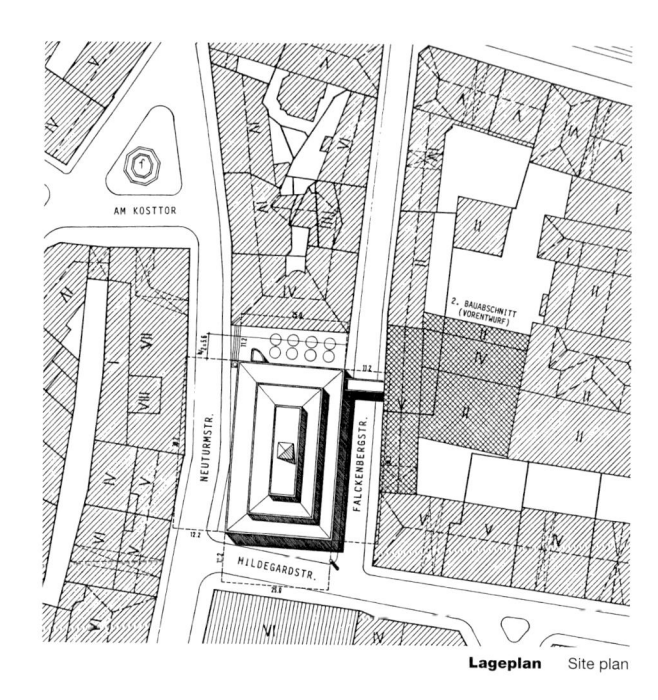

Lageplan   Site plan

Modellfoto (Wettbewerb)   Competition model

Workroom Theatre

Rehearsal building of Münchener Kammerspiele, 1990

The rehearsal building is placed as an independent structure of the same height as its surroundings in the eastern section of downtown Munich, between Neuturmgasse and Falckenberggasse, thus allowing it to fit into the rest of the city centre. The building entrance resembles a randomly placed set element, an allusion to the illusionistic world of the theatre. The principle of a surrounding spatial layer is repeated inside the building: the ground-storey theatre hall, also designed for public use, is surrounded by a ring of secondary and foyer spaces. This structural principle is continued in the substorey, where additional rehearsal rooms are located. The roof with its double staggered structure repeats the principle of interlocking spaces and also gives it symbolic representation: on two levels smaller volumes emerge from the volumes located beneath them. A visitor who takes a walk in the fresh air on the rooftop will be treated to a vivid experience of these architectural contexts.

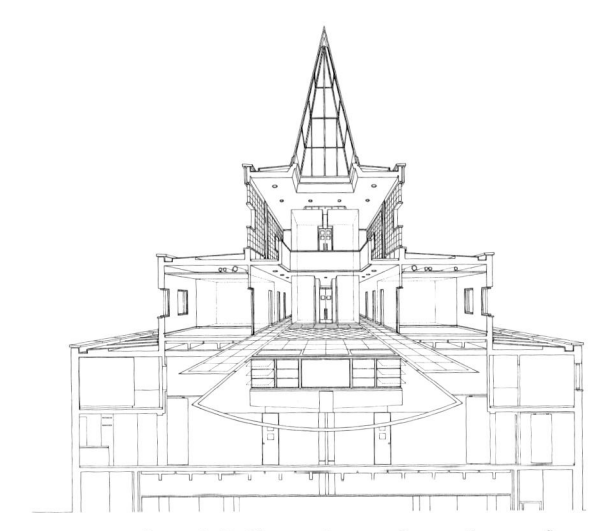

Querschnitt, Obergeschosse Cross section, upper floors

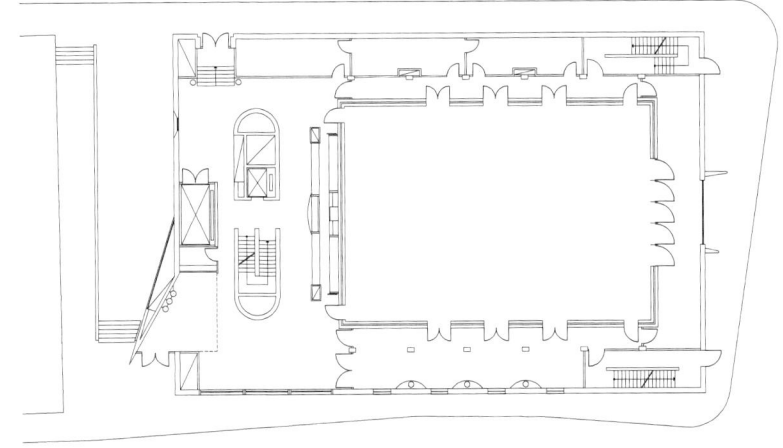

Obergeschoß First floor

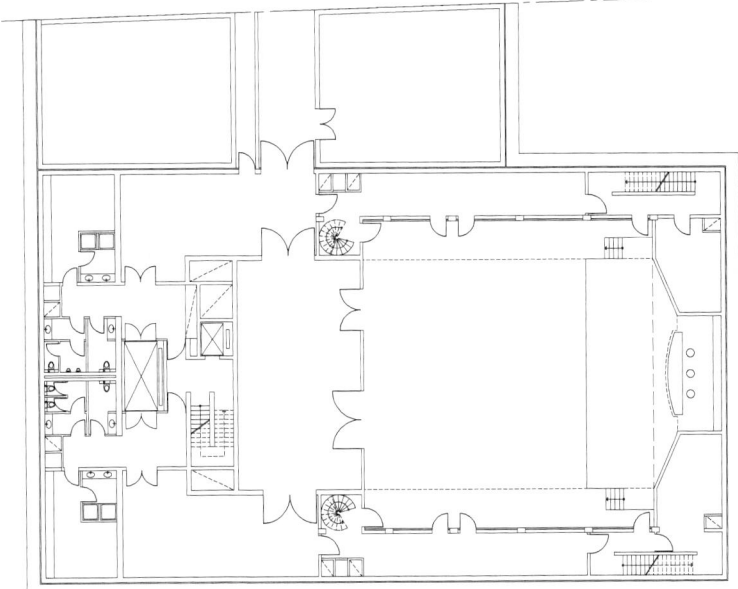

Erdgeschoß Ground floor

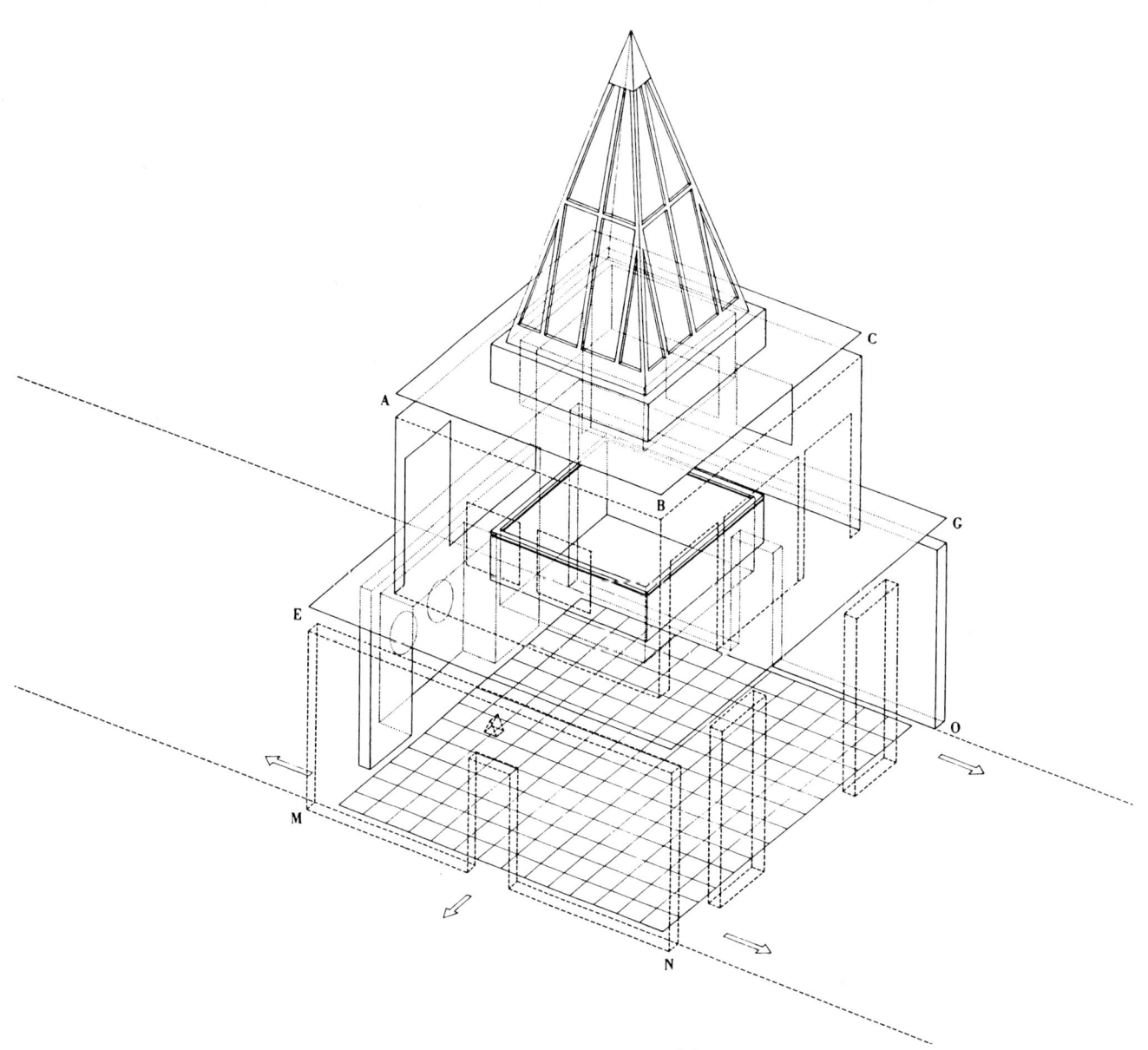

Schaubild, Eingang Werkraumtheater   Workroom Theatre entrance

Modellfoto (Wettbewerb)   Competition model

Modellfoto Halle Obergeschoß Hall, first floor level, model

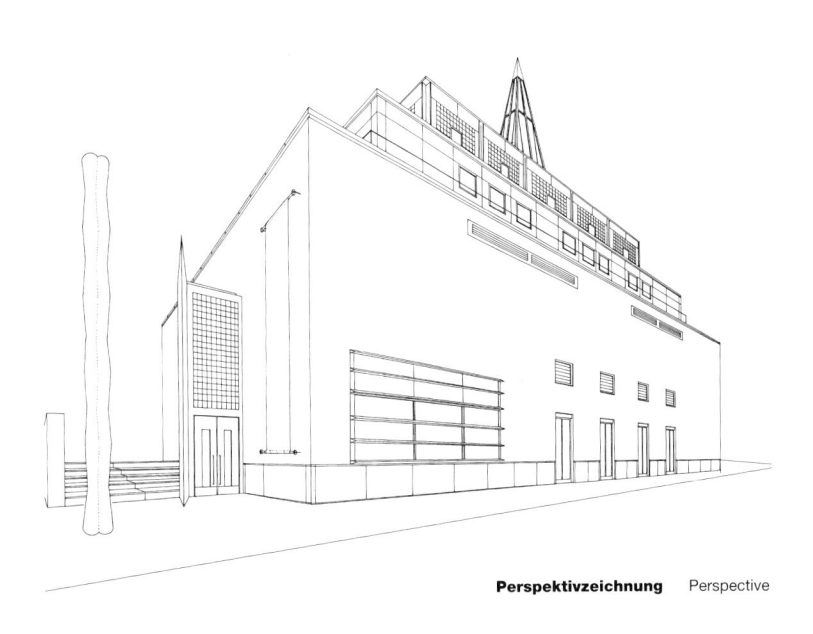

Perspektivzeichnung Perspective

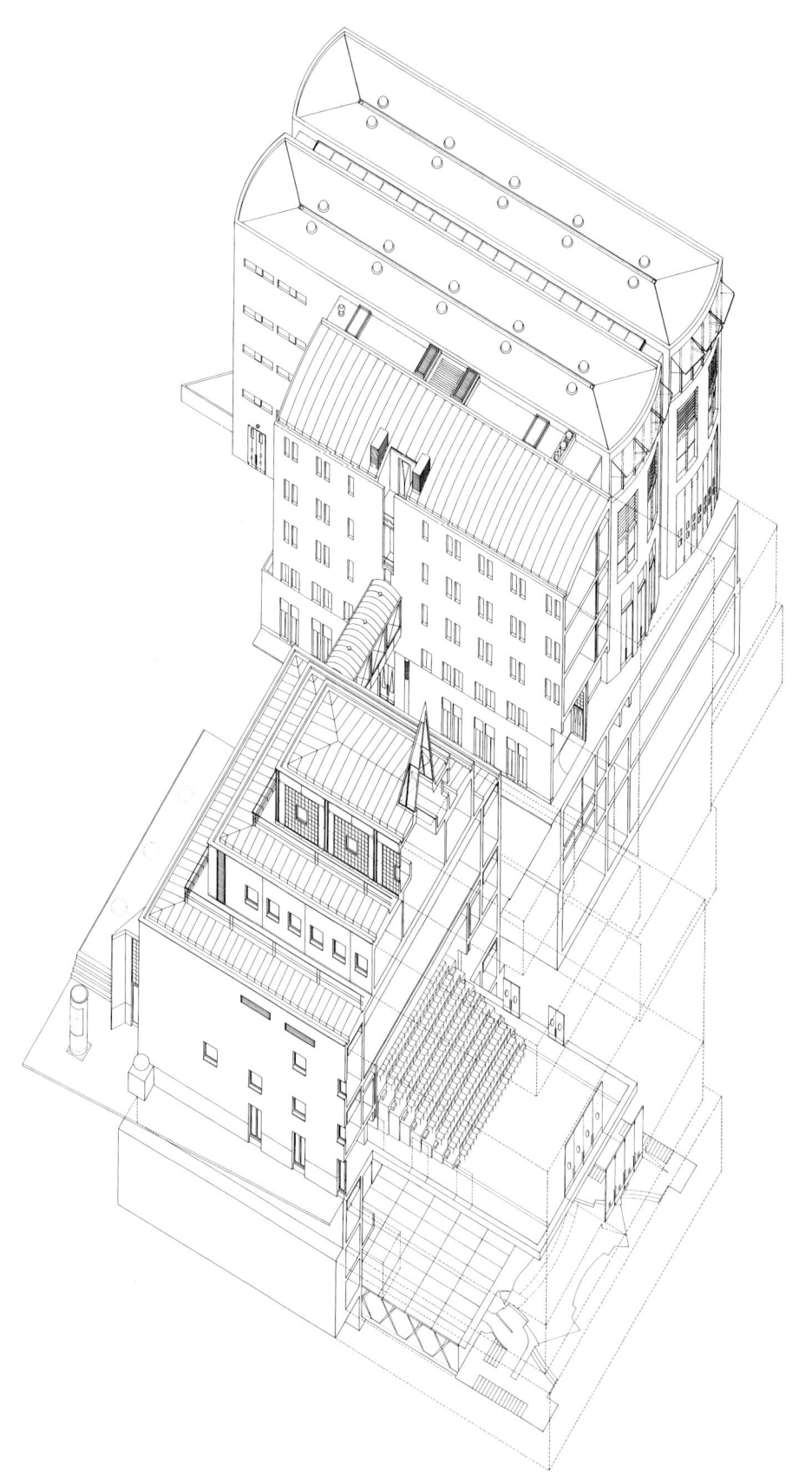

Axonometrie Bauteil I und II   Axonometry, building section I + II

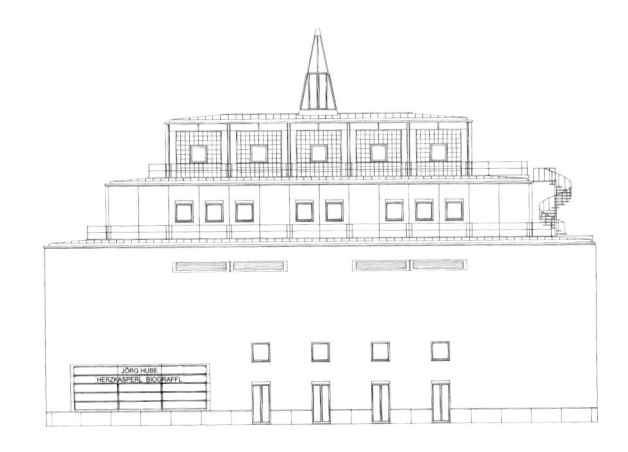

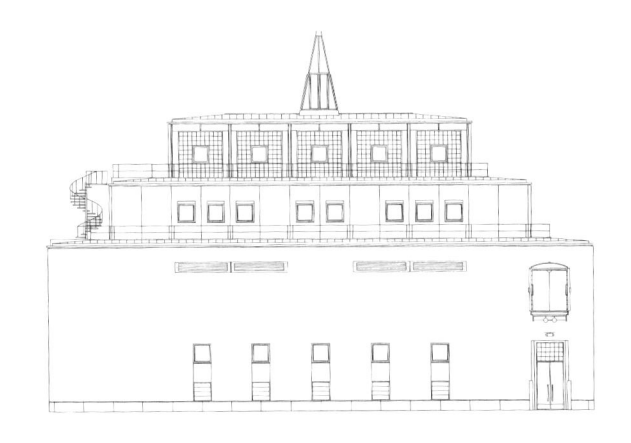

Ansichtszeichnungen Views

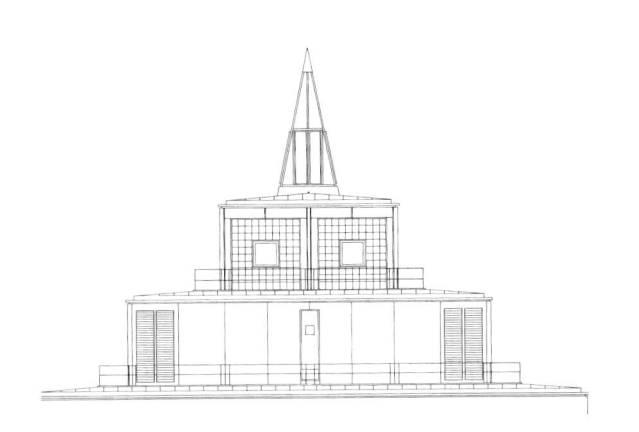

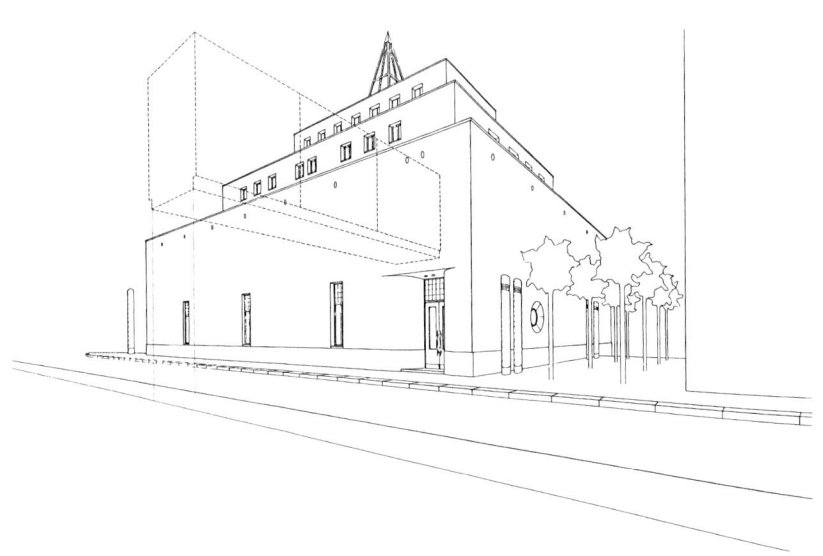

Schnittzeichnungen Sections

Perspektivzeichnung (Wettbewerb) Competition Perspective

Erzherzog Karl Stadt

Wien-Donaustadt, 1993

In dem gemeinsam mit Architekt Martin Kohlbauer erstellten Leitprojekt für das kurz vor Aspern, südlich der Erzherzog-Karl-Straße liegende Baugebiet, sind in mehreren Bauetappen insgesamt 2000 Wohnungen vorgesehen. Die feine Körnung der Binnenbereiche mit differenzierten Außenräumen verspricht eine angenehme Wohnqualität. Neben einer langen Zeile mit Maisonellenwohnungen findet sich eine Neuinterpretation des klassischen Wiener Doppeltraktes addiert entlang der Erzherzog-Karl-Straße, die Lärmschutzfunktionen übernimmt, aber auch Turmhäuser mit konkaven Flanken und starkplastische Baukörper mit viertelkreisförmig heraustretenden Stichtrakten, so daß bezüglich der Wohnungsgrundrisse und besonders für die eigentlichen Wohnzimmer ein variantenreiches Angebot entsteht. Die meisten Wohnungen verfügen über Ausblicke nach zwei Seiten, einige sogar nach drei Richtungen, so daß der Lichtwechsel im Tageslauf erlebbar wird.

Lageplan Städtebaustudie (Peichl-Kohlbauer) Site plan for urban study (Peichl-Kohlbauer)

Erzherzog Karl Stadt

Vienna-Donaustadt, 1993

This keystone project, planned jointly with architect Martin Kohlbauer for the construction area located just outside the town of Aspern and to the south of Erzherzog Karl Strasse, anticipates the construction of 2000 apartments in several stages. The fine grain of the internal areas with differentiated outside spaces promises good quality of life. In addition to a long row with maisonette apartments, the plan

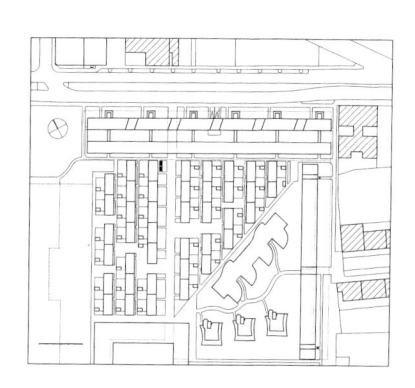

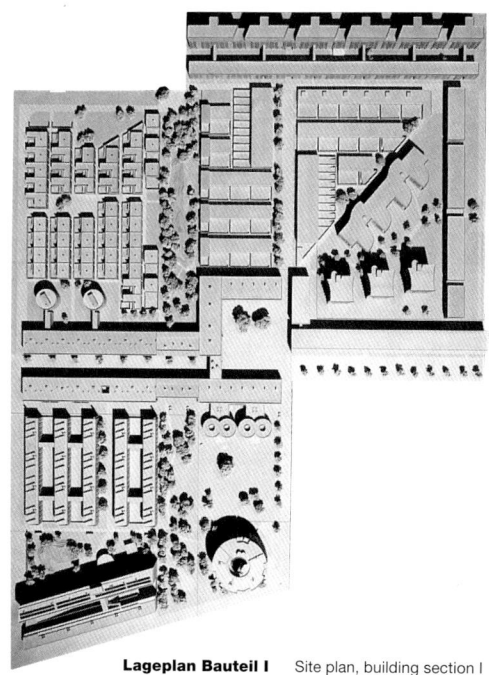

Lageplan Bauteil I Site plan, building section I

Punkthäuser (Peichl-Weber) Single high-rise buildings (Peichl-Weber)

also presents a new interpretation of the classic Vienna double block, placed along Erzherzog-Karl-Strasse, that also has a noise-reduction function; located next door are tower buildings with concave flanks and strongly plastic volumes with short blocks emerging in the shape of quarter circles, thus creating a wide variety of possible floor plans for flats, and for their living rooms in particular. Most of the apartments have views to two sides, and some even in three directions, thus thematising the changing light in the course of the day.

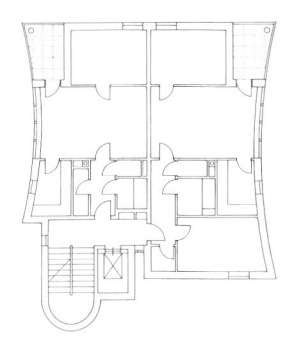

Grundriß Floor plan

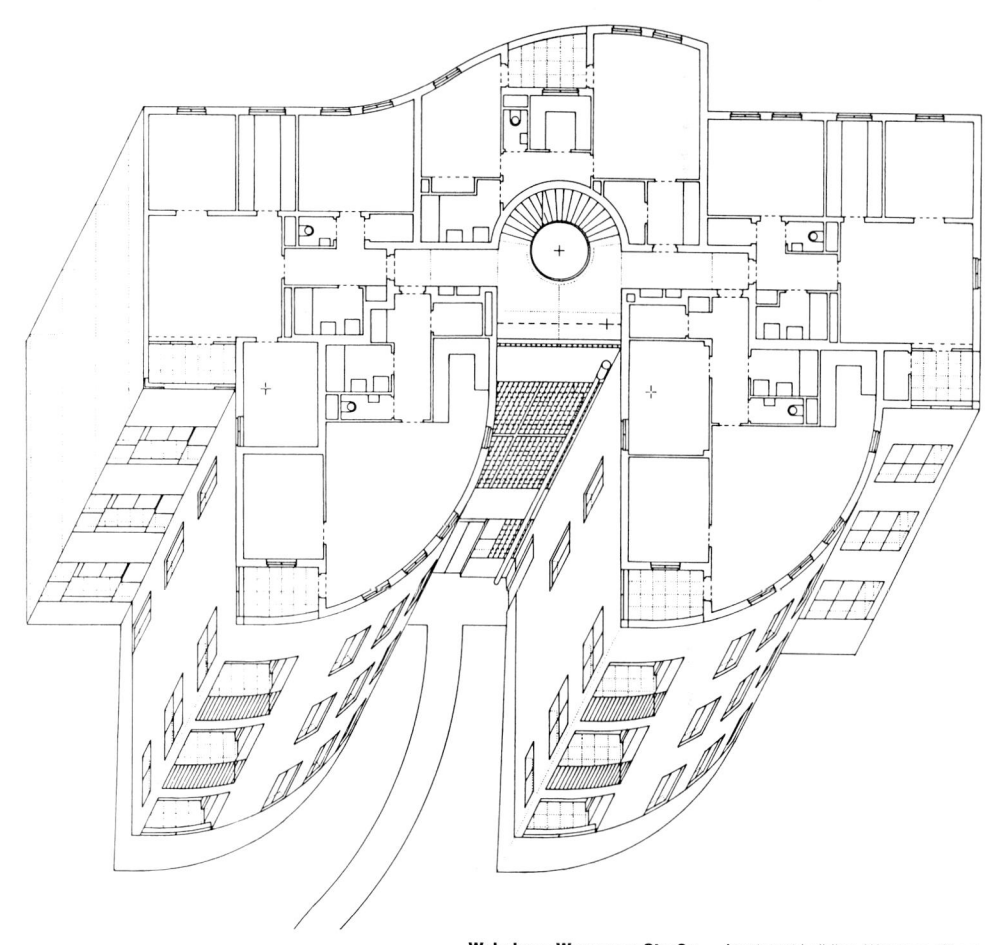

Wohnhaus Wagramer Straße Apartment building, Wagramer Street

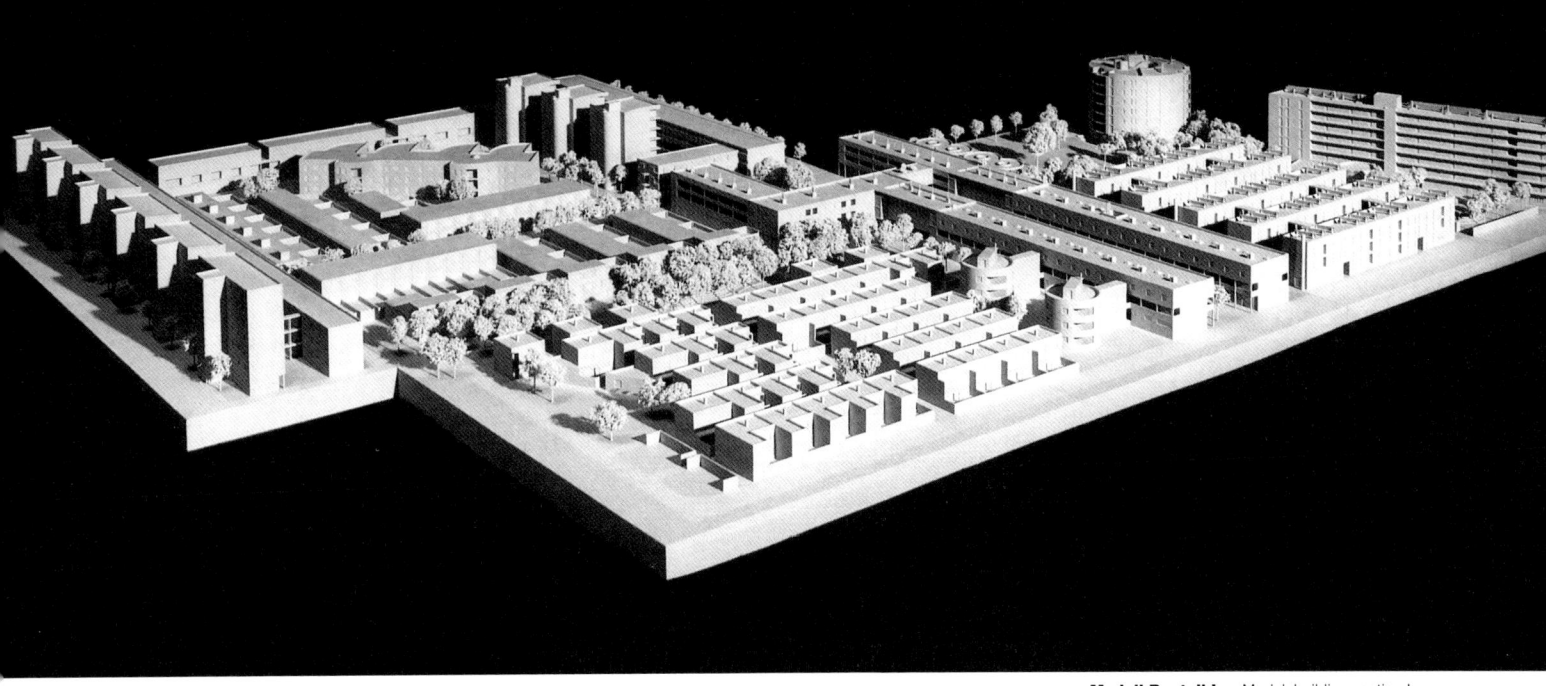

Modell Bauteil I Model, building section I

Grundriß Floor plan

Wohnhaus Erzherzog-Karl-Straße
Apartment building, Erzherzog Karl Street

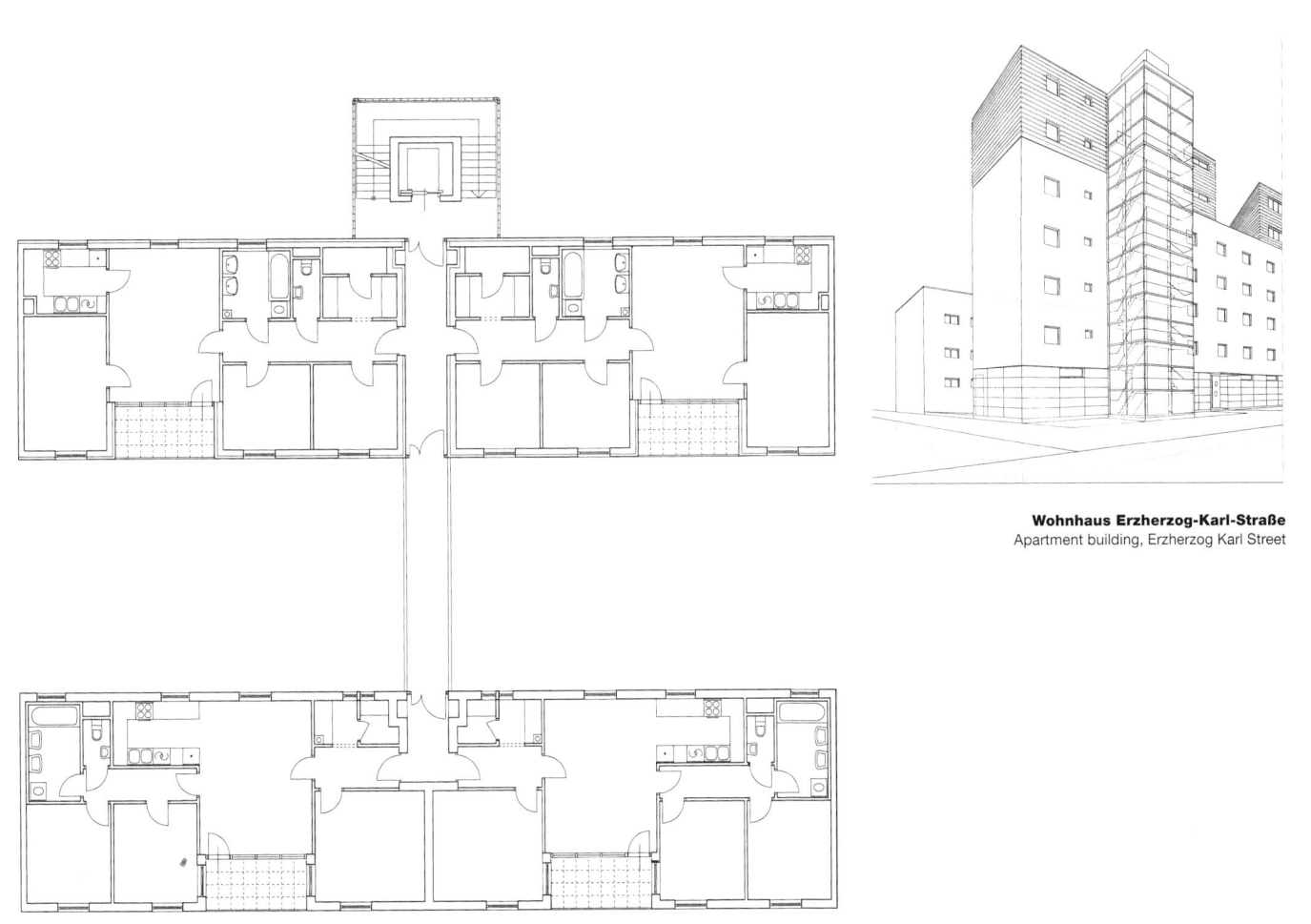

81

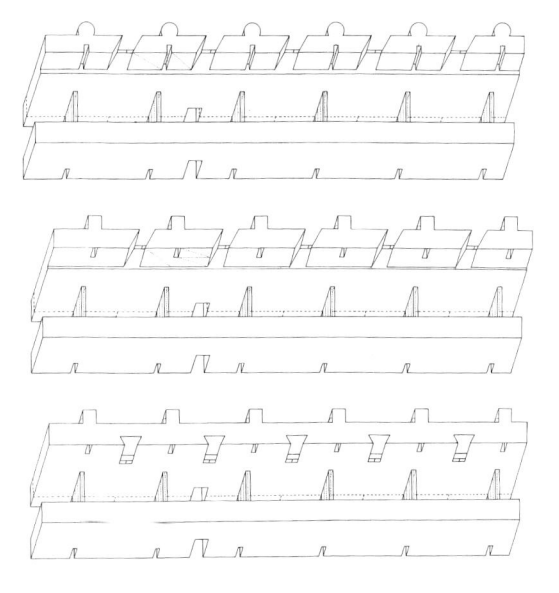

Varianten Wohnhaus Variations apartment building

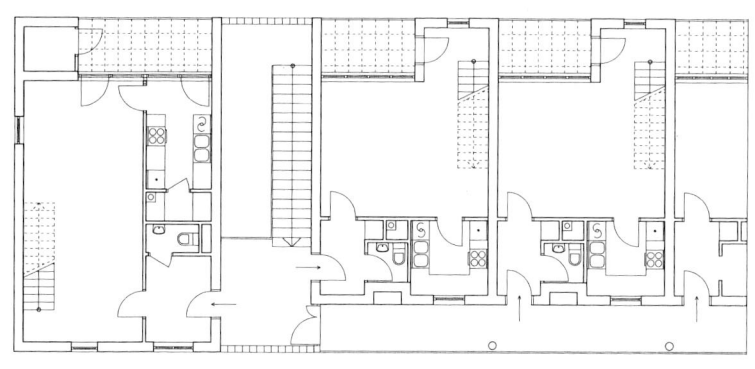

Erdgeschoß Ground floor plan

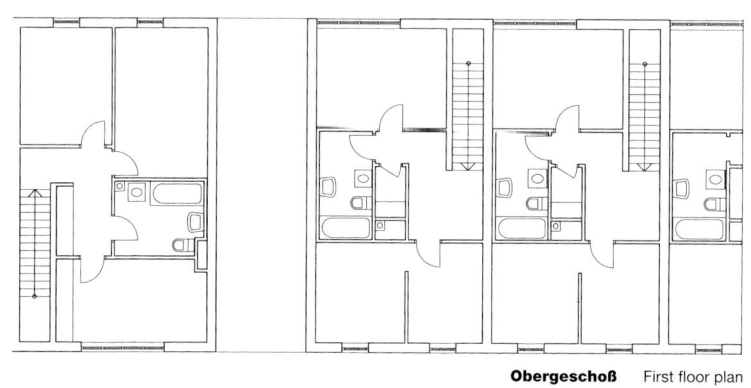

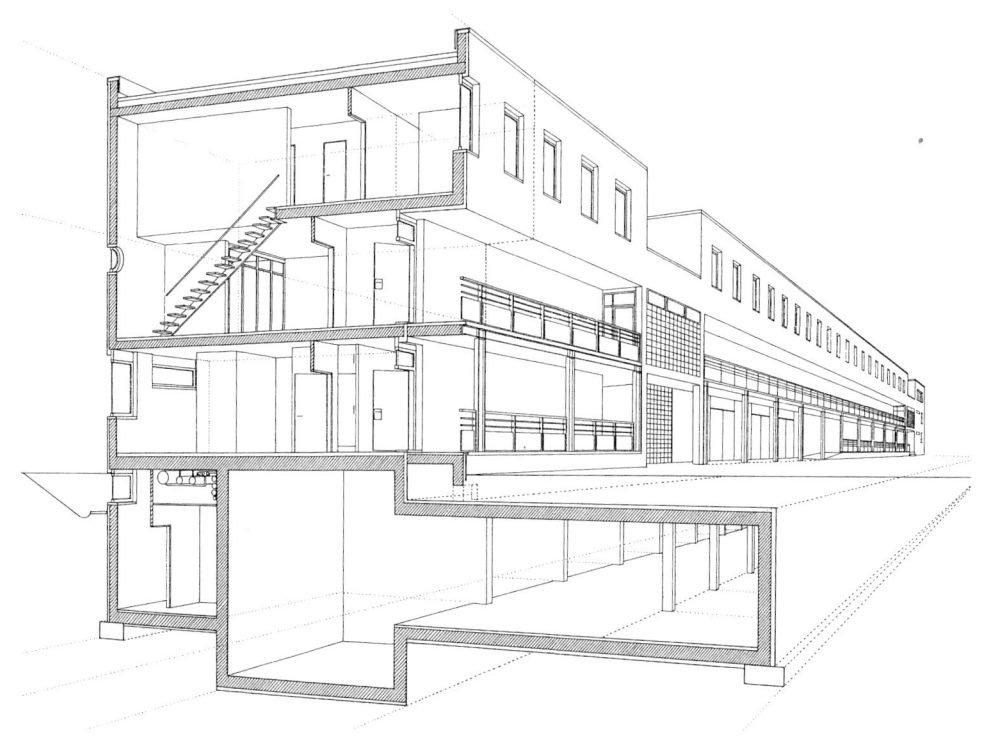

Obergeschoß First floor plan

Schnittperspektive Section in perspective

82

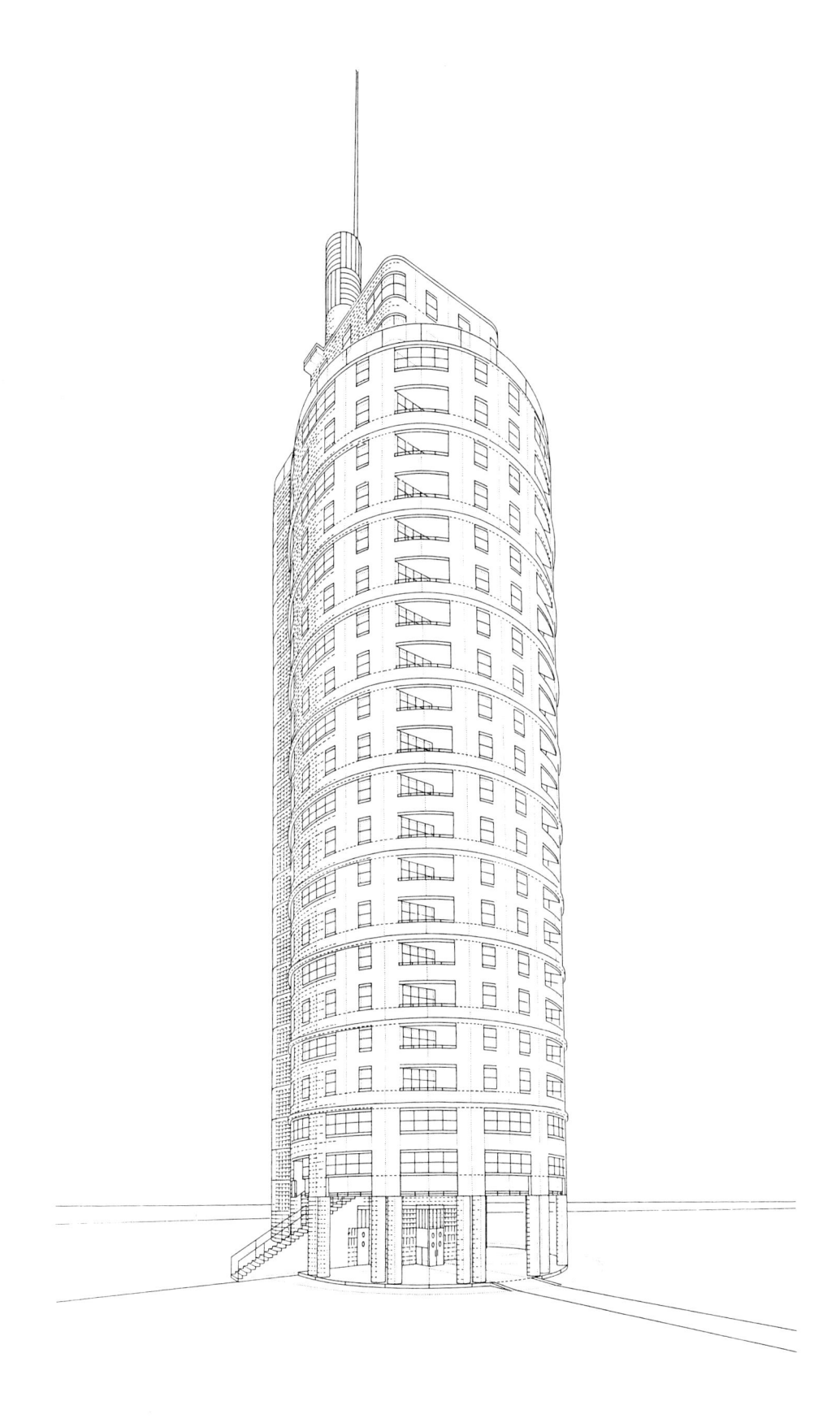

Wohnhaus Axonometrie Apartment building, axonometry

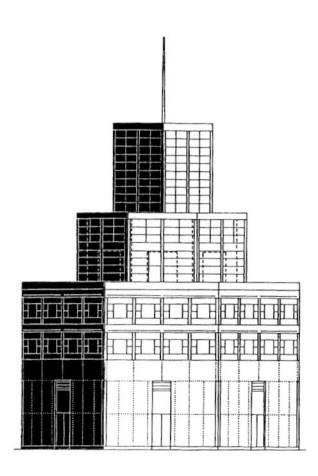

Wilhelm-Busch-Museum

Hannover, 1994

Das Wallmoden-Schlößchen wird ergänzt durch einen autonomen Baukörper, der axial Bezug nimmt auf die Stirnseite des linken Seitenflügels und auch dessen Traufhöhe respektiert. Das Oktogon der zentralen Halle des Schlößchens findet sich in zeitgenössischer Ausformung im Neubau wieder. Über einen kurvig geschwungenen und verglasten Gang ist der große, pavillonartige Bau an den Bestand angebunden. Das Erdgeschoß enthält einen Mehrzwecksaal, der mit beweglichen Trennwänden zu Ausstellzwecken und für Veranstaltungen variiert werden kann. Die kabinettartigen Raumkonfigurationen sind auf kleinformatige Exponate zugeschnitten. Zur Einrichtung gehört auch ein Café. In zwei Obergeschossen sind Arbeits- und Depoträume untergebracht, die Bibliothek befindet sich im oktogonalen Dachaufbau, der seinerseits eine quadratische Laterne trägt, die den Leseraum belichtet.

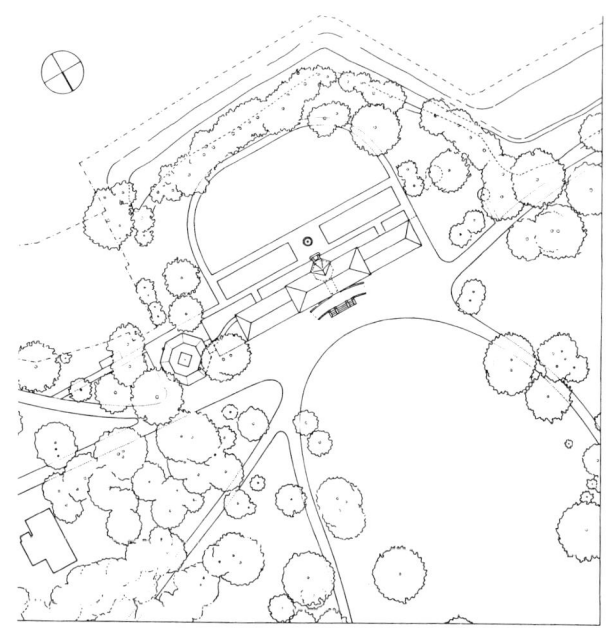

Lageplan im Georgengarten Site plan, Georgengarten

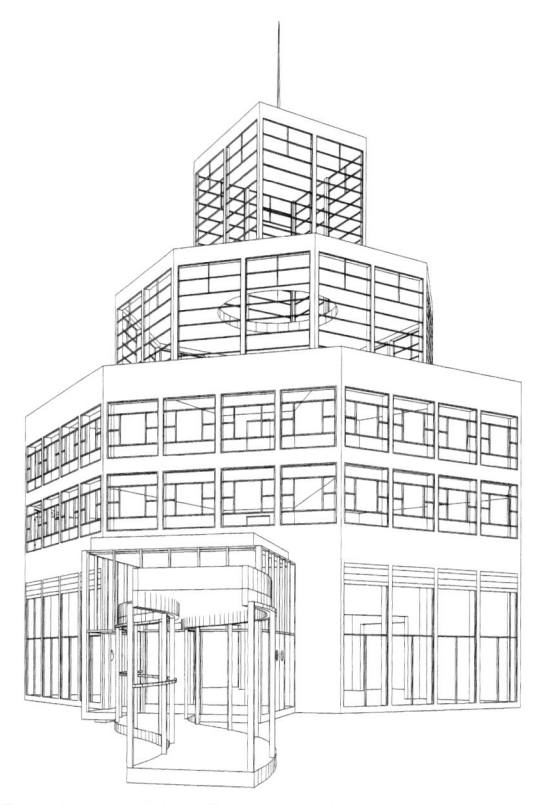

Perspektivzeichnung mit Eingang Drawing in perspective, entrance

Modellfoto mit Verbindungsgang Model with passageway

Wilhelm Busch Museum

Hanover, 1994

The Wallmoden House is supplemented by an autonomous built volume that sets up an axial reference to the front of the left wing and also respects its eaves height. The octagon of the central hall of the House is repeated in a contemporary form in the new building. The large, pavilion-like structure is linked to the older building by a curving glass passageway. The ground floor contains a multi-purpose hall that can be varied with movable partitions for exhibitions and events. The cabinet-like arrangement of space is tailored to small exhibition objects. The provided functions also include a cafe. Work and storage spaces are located in two upper storeys, and the library is located in the octagonal rooftop structure which features a lantern that illuminates the reading room.

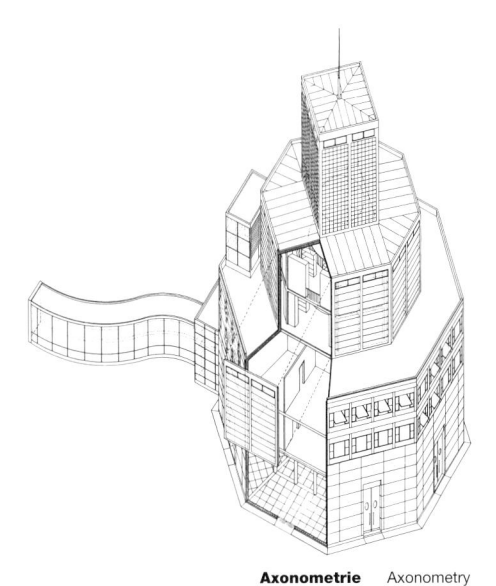

Axonometrie Axonometry

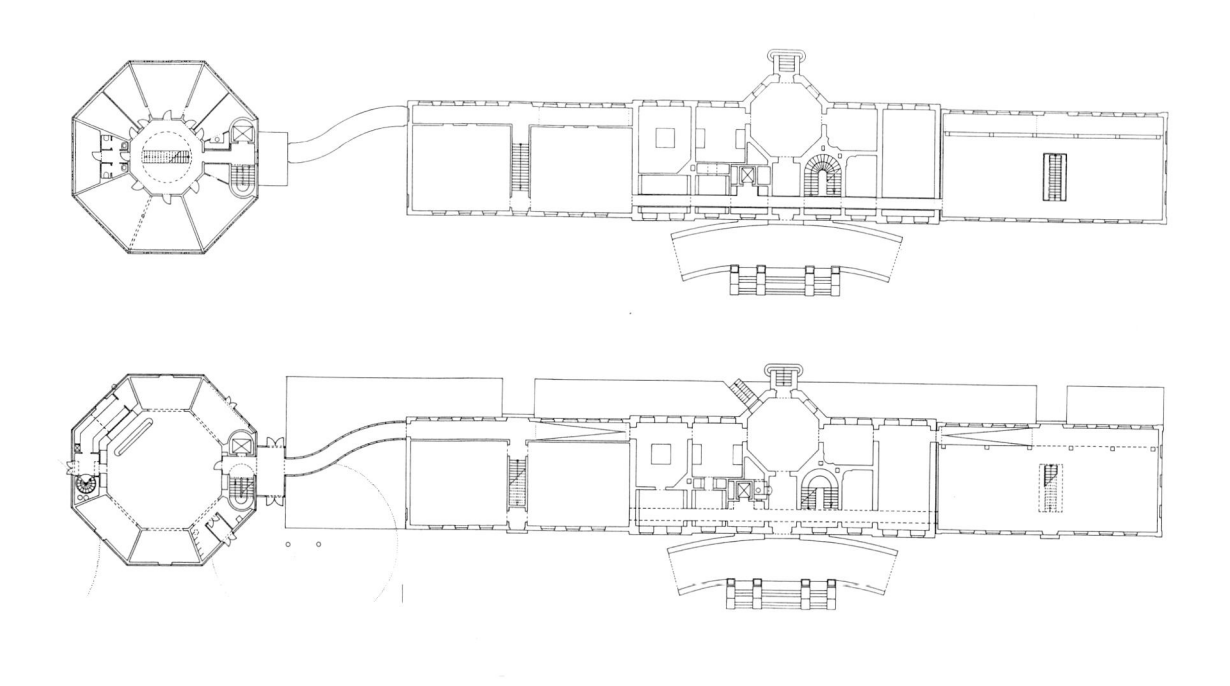

Bestehendes Wallmoden-Schlößl mit Neubau Existing Wallmoden Schlößl with new building

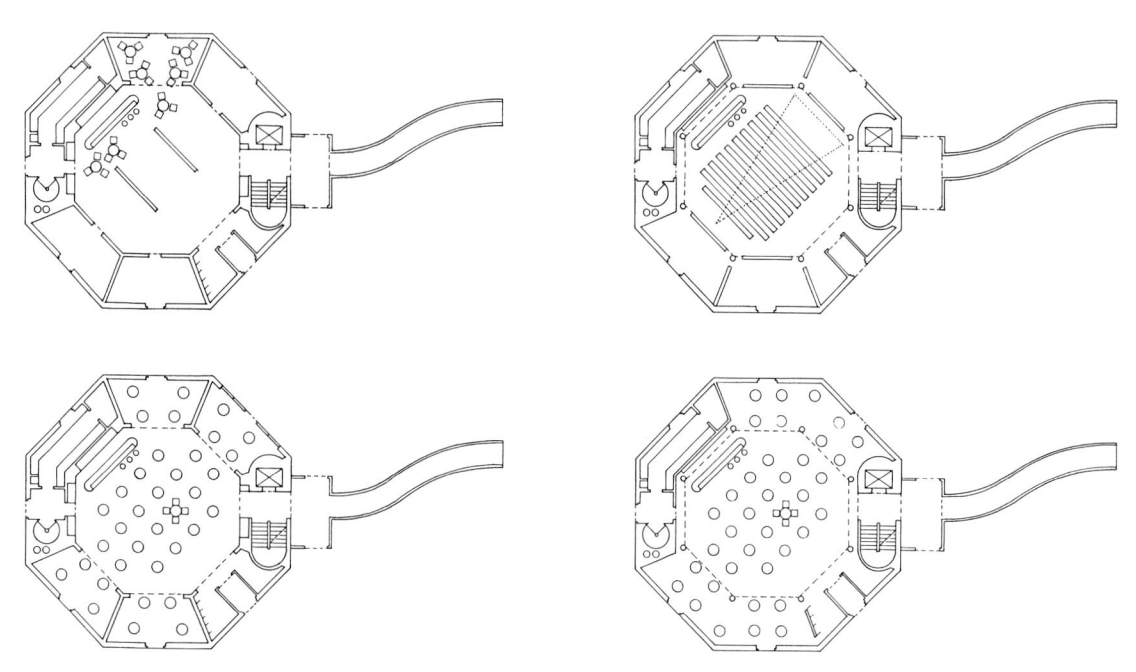

Grundrisse Neubau (Nutzungsvarianten) Floor plans of new building (variations)

Schaubild mit Wilhelm Busch-Figuren Scheme peopled with Wilhelm Busch figures

Modellfoto Model

87

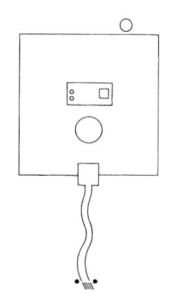

ORF-Landesstudio

St. Pölten, 1994

Der Bauplatz für das neue Landesstudio-Niederösterreich liegt in der südwestlichen Ecke des neuen Regierungs- und Kulturbezirks. Die technologische Entwicklung sowie organisatorische Synergien erlaubten ein sparsames Konzept von kleinerem Umfang als man es von den anderen Landesstudios (1970) her kennt. Das elastische Konzept auf einem Stützenraster von 6 x 6 m mit nichttragenden Wänden ermöglicht ein Reagieren auf spätere Strukturveränderungen der inneren Organisation des Mediums. Eine zentrale Mehrzweck- und Eingangshalle erhält Licht von einem Glasbausteinzylinder, der über dem ins Obergeschoß führenden, geraden Treppenlauf thront. Aufnahme-, Regie- und Archivräume für Radio und Fernsehen liegen an den Außenwänden, ebenso die wenigen Büros. Der aus einem Innenhof heraussteigende, freistehende Lift bildet als vertikales Element ein über den Zweckbau hinausweisendes Zeichen und ist zugleich Antennenträger. Im Obergeschoß befinden sich weitere Büros und die Intendanz sowie Sozialräume und eine Dachterrasse. Die gläserne Hülle wird mit kräftigen horizontalen Sonnenblenden verschattet, so daß im Sommer ein Aufheizen vermieden wird. Dagegen lassen sie Ausblicke in das umgebende Grün ungehindert durch. Von den

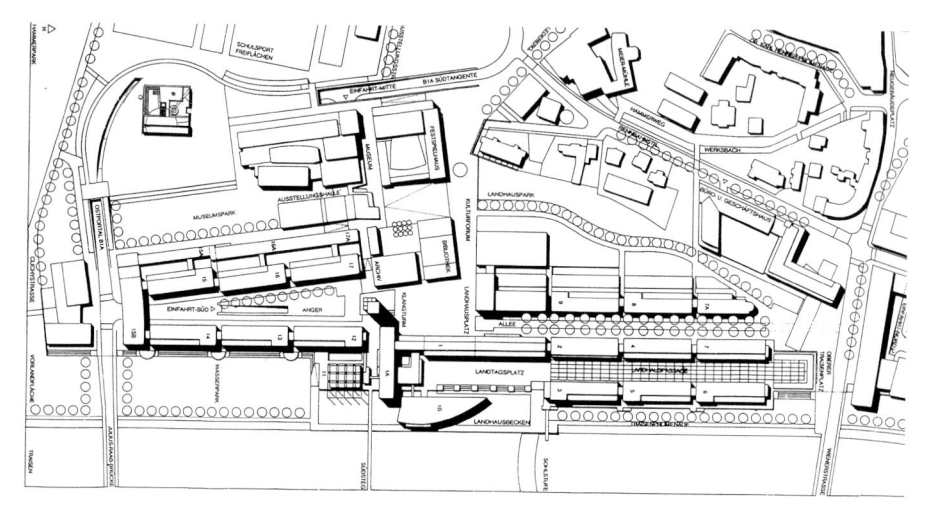

Lageplan Regierungsbezirk Site plan, governmental and cultural district

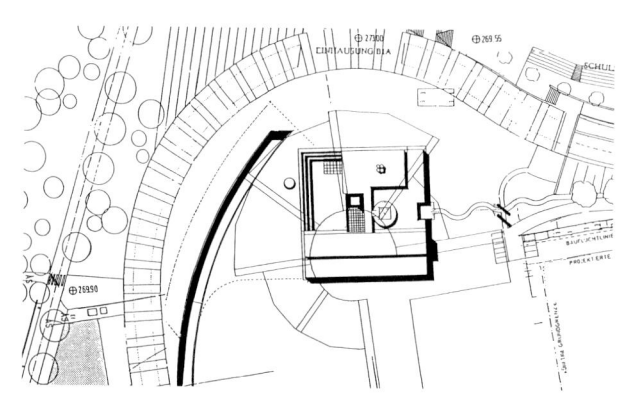

Lageplan ORF-Studio Niederösterreich Site plan, regional ORF-Studios, Lower Austria

Erstes ORF-Studio Eisenstadt 1981 First regional ORF-Studio Eisenstadt 1981

zentral organisierten, in Einzelvorfertigung gebauten und eher reichlich ausgestatteten Landesstudios der siebziger Jahre zur abgespeckten, durchrationalisierten und auf unbekannte künftige Veränderungen ausgelegten Variante «light» für die jüngste Landeshauptstadt ist ein weiter Weg. Er spiegelt zugleich die österreichische Architekturentwicklung dieser 25 Jahre.

ORF Regional Studio
St. Pölten, 1994

The construction site for the new Lower Austria Regional Studio of the Austrian Broadcasting Corporation lies in the southwest corner of the new government and cultural district. Technological developments, as well as organisational synergies, allowed for a low-cost plan on a smaller scale than that used in the other regional studios (1970). The flexible plan, based on a column grid of 6 x 6 m with non-load-bearing walls, allows reactions to later structural changes in the internal organisation of the medium. A central multifunctional entrance hall receives light from a glass brick cylinder that rises above the straight staircase leading into the upper storey. Recording, direction, and archive rooms for radio and television lie on the outside walls, just as do the few offices. The free-standing elevator, which rises out of an internal courtyard, provides a vertical element that has a semantic function referring beyond the functional structure and which serves at the same time as the support for an antenna. Additional offices and the director's office are located in the upper storeys as well as staff rooms and a rooftop terrace. The glass skin is shaded by large horizontal sunscreens to cool off the building in summer. At the same time they

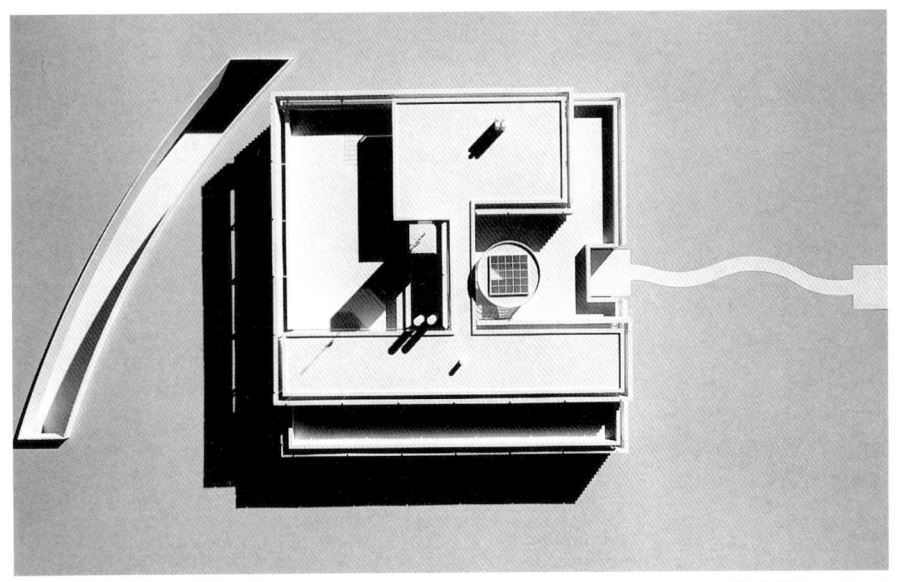

Modellfoto Model

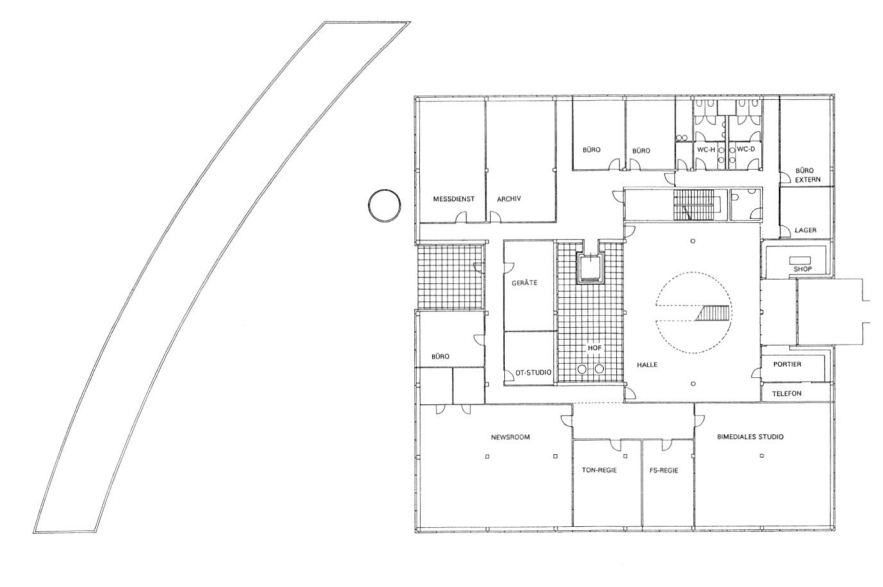

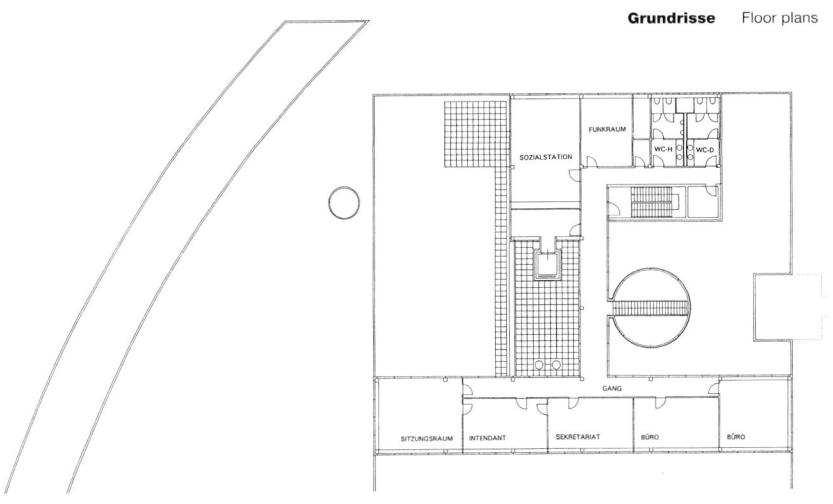

Grundrisse Floor plans

allow views to the outside of the surrounding greenery. It is a long path from the centrally organised and rather luxuriously equipped regional studio of the nineteen-seventies, with its individually prefabricated components, to the stripped-down, highly rational variant for the newest Austrian state capital, flexibly designed to allow for unknown future modifications. This path also reflects the development of Austrian architecture over the course of these twenty-five years.

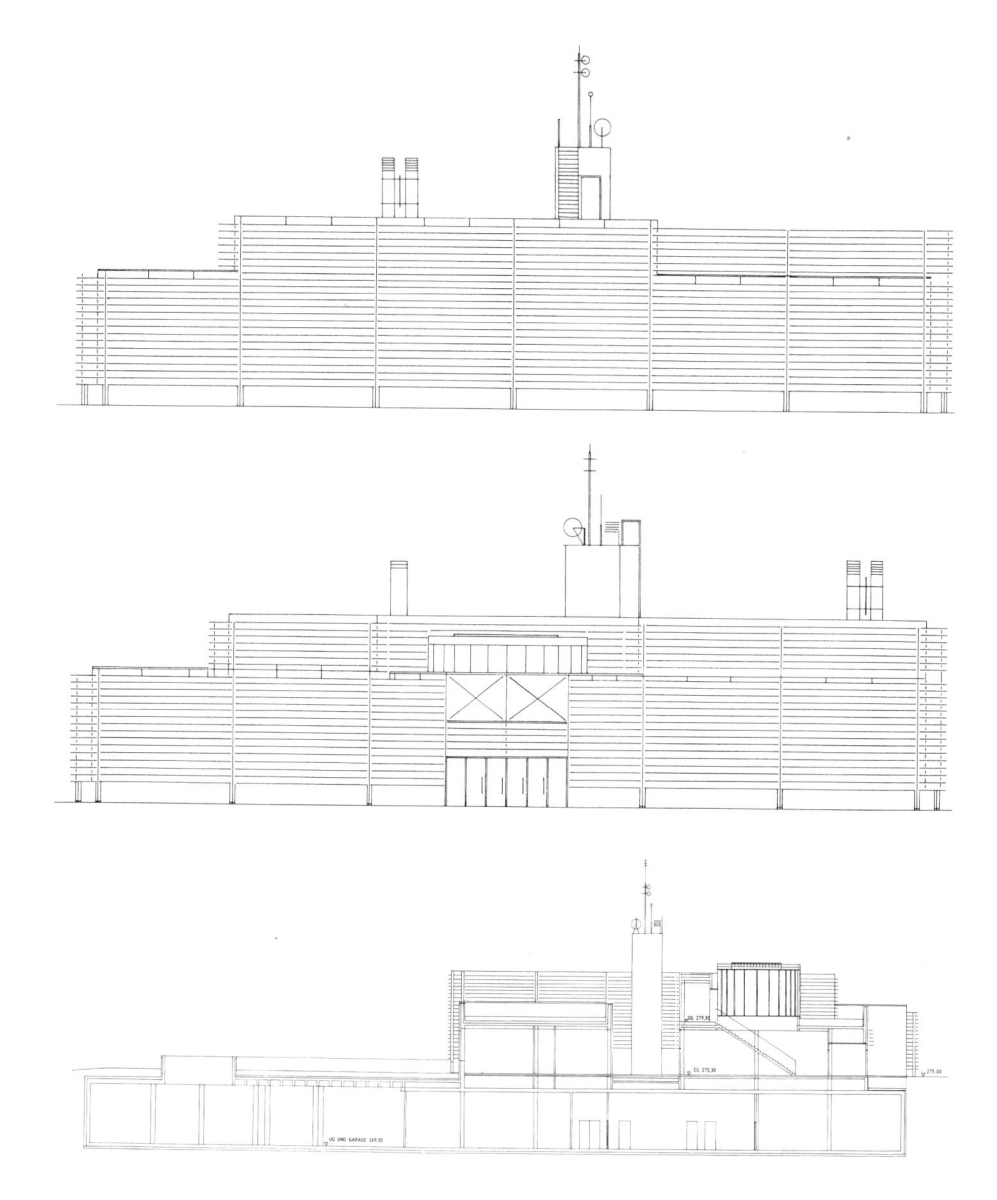

Ansichtszeichnungen und Schnitt View drawings and section

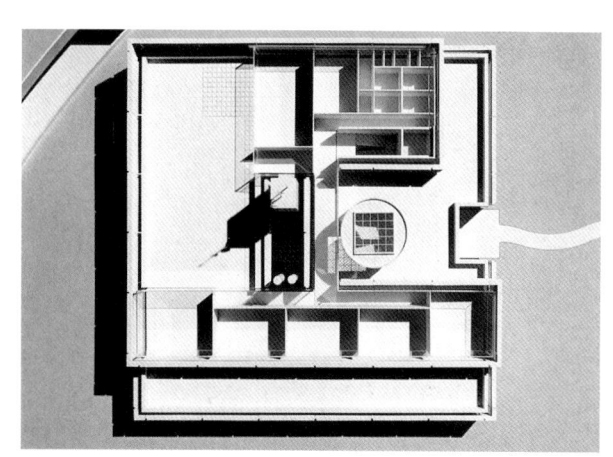

Modellfotos, Erdgeschoß und Dachlandschaft Model, ground floor level and overhead view

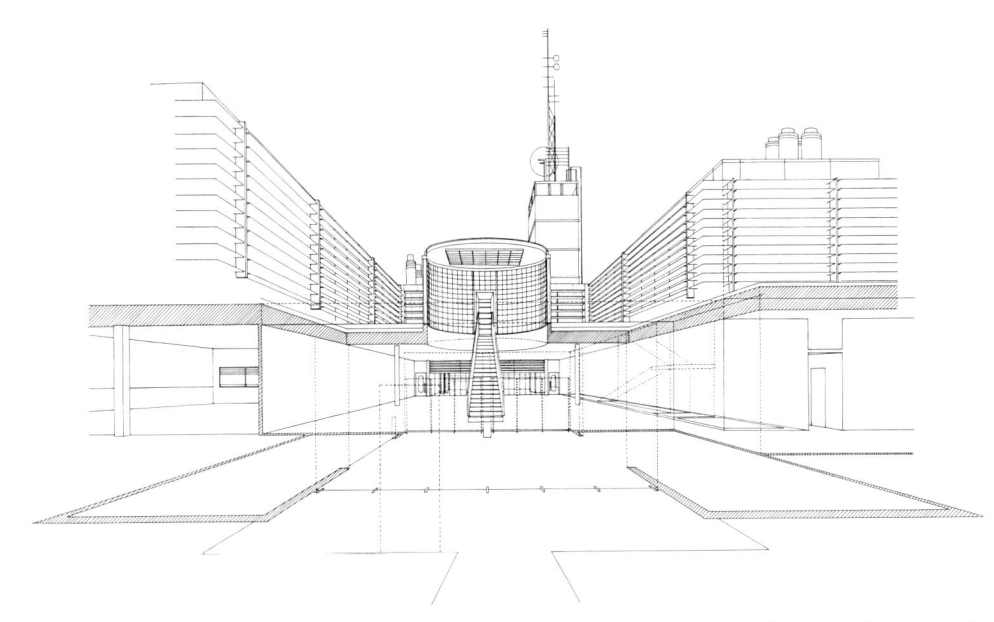

Perspektivzeichnung Eingang   Entrance, drawing in perspective

Modellfoto Haupteingang und Halle   Model, main entrance and hall

91

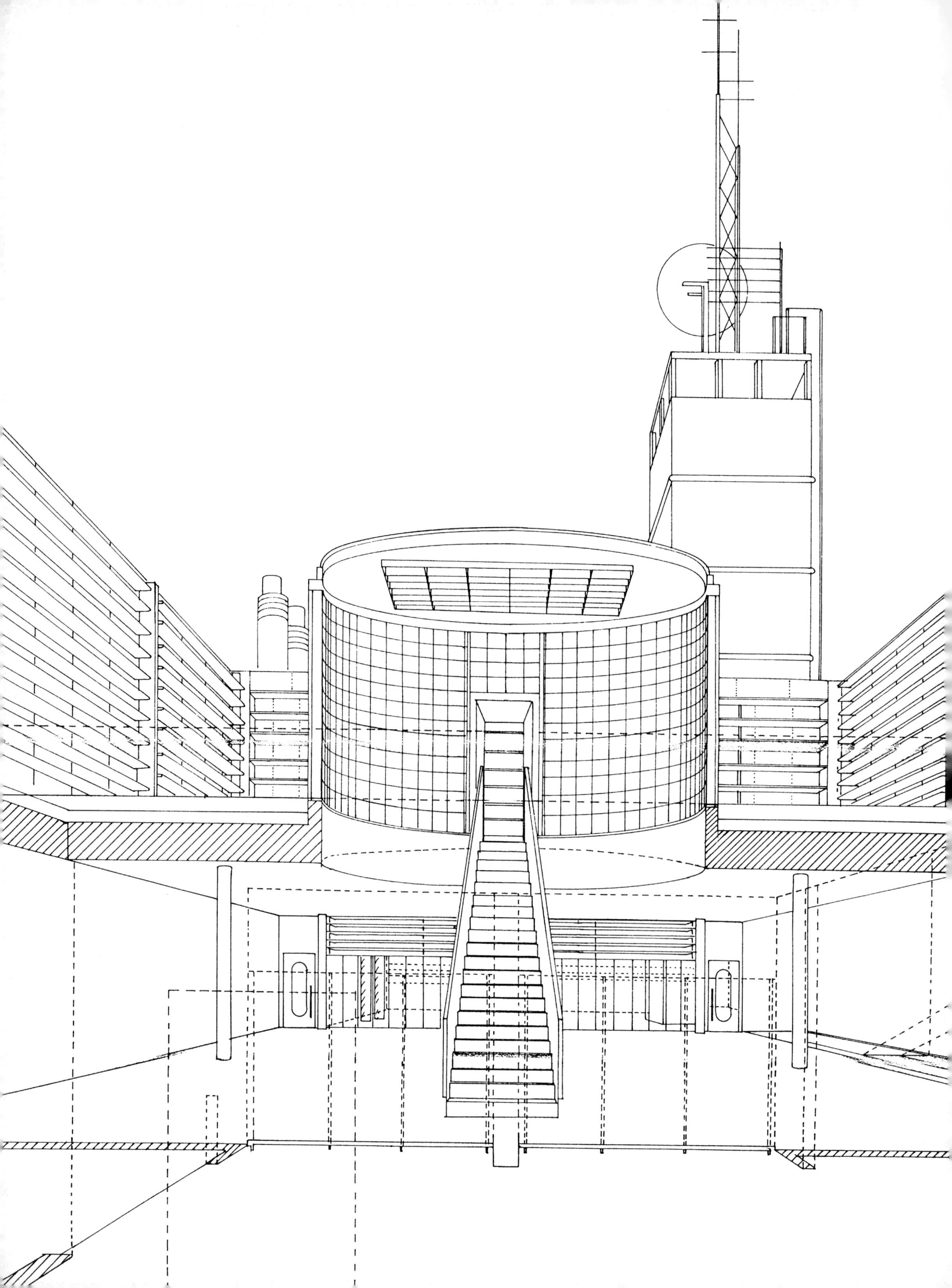

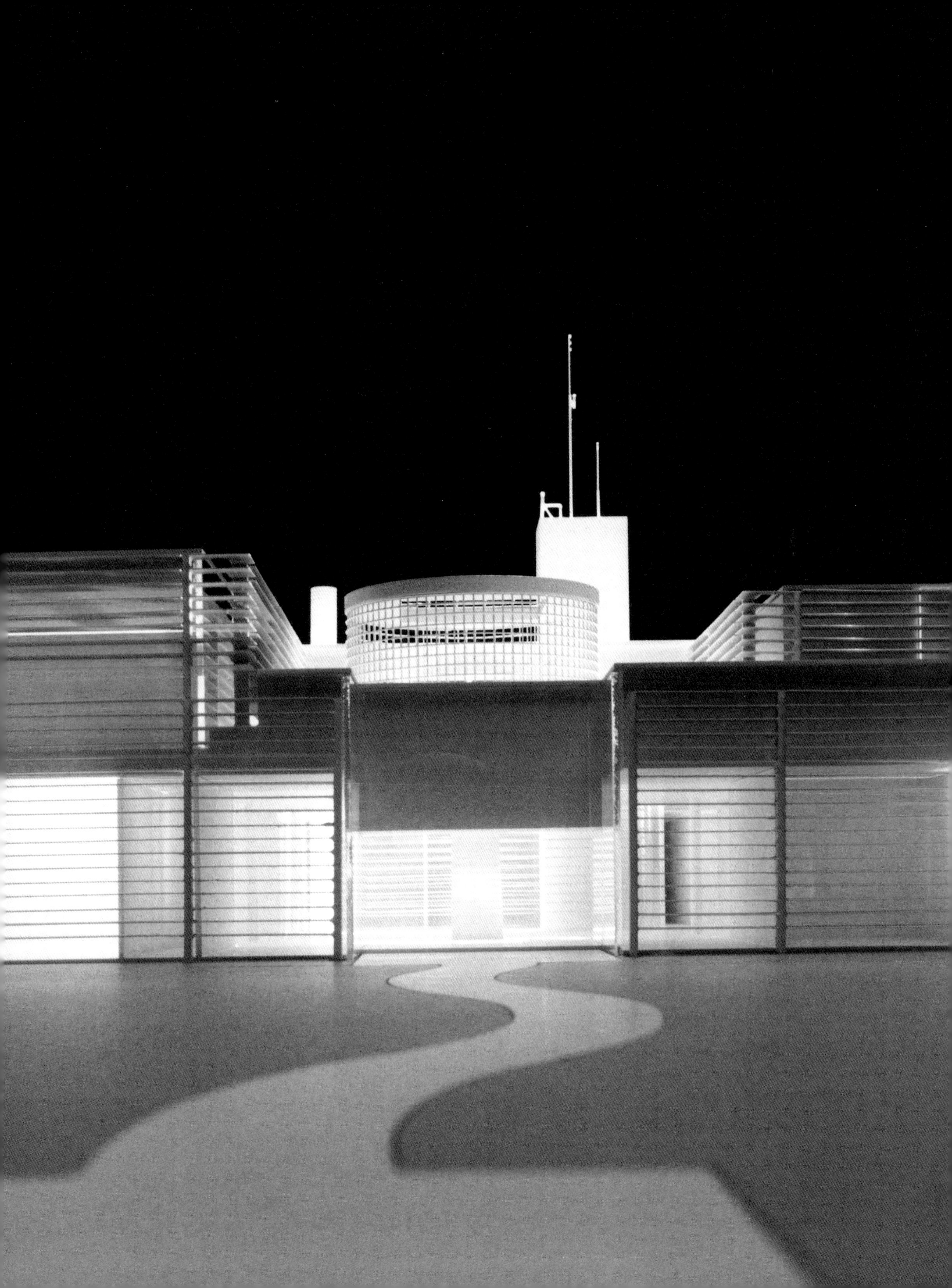

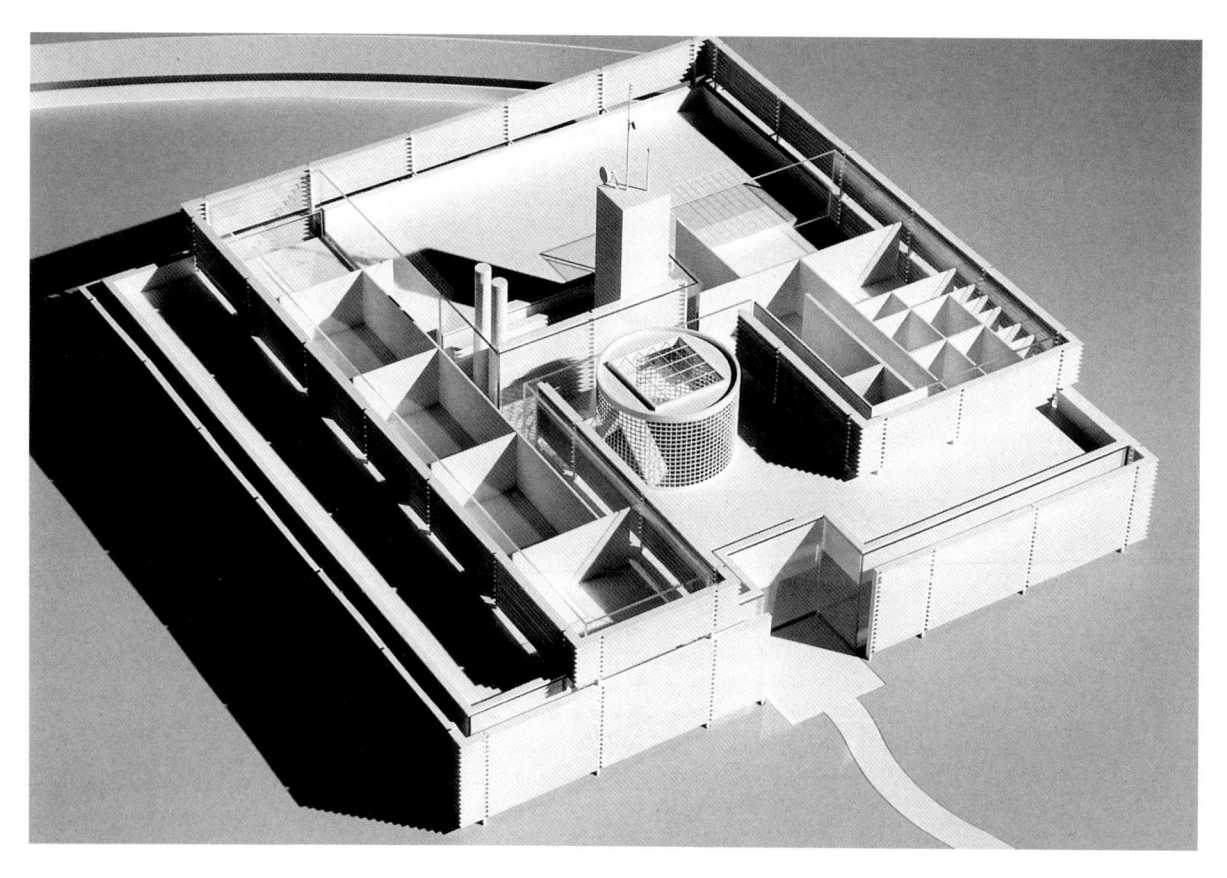

Modellfotos Models

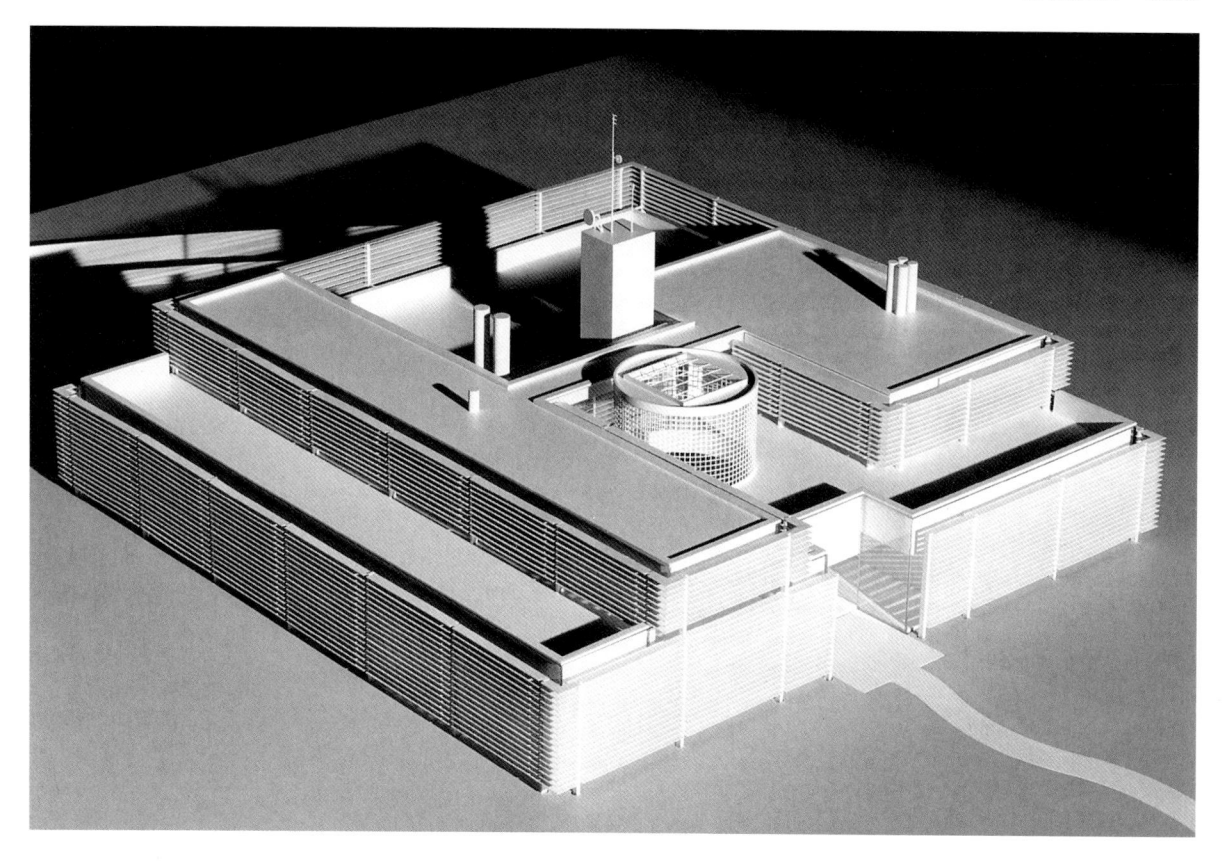

Axonometrie mit Grundriß Axonometry revealing floor plan

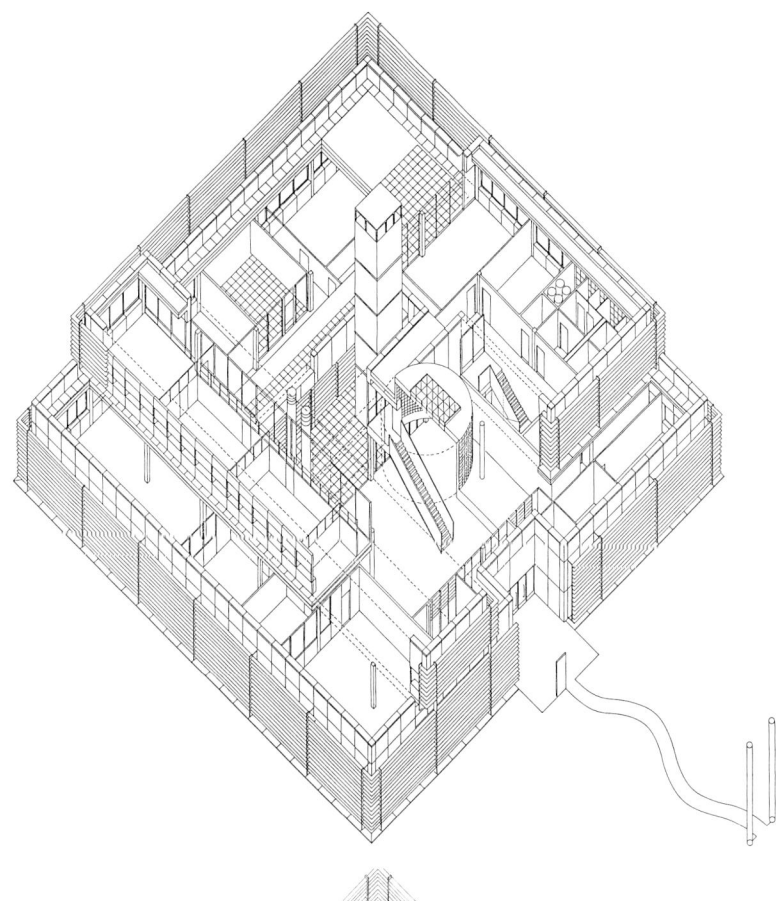

Axonometrie mit Dachaufsicht Axonometry, view of roof

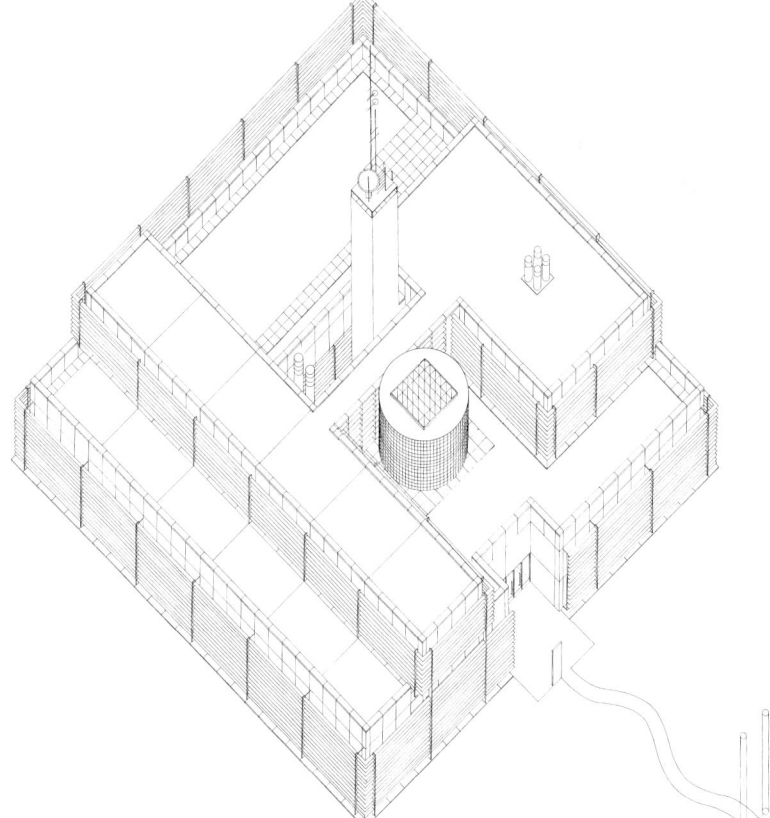

Österreich-Pavillon, EXPO 96

Budapest, 1994

Der Pavillon-Entwurf beruht auf der Grundidee einer Identität von Bauwerk und Inhalt unter dem Motto «Virtuelles Österreich». Es handelt sich um das Gesamtkonzept zur Errichtung eines Ausstellungspavillons, der in enger Verbindung mit einer attraktiven Präsentation des Inhalts steht.

Das geometrisch klar konzipierte freistehende Gebäude mit den Maßen 36 x 66 x 9 m erhält seine unverwechselbare Physiognomie von einer 20 m hohen «Glasflosse» und von der intelligenten «Fassade» – einer farblich sich ununterbrochen verändernden Außenhaut: verspiegelt, rot, weiß oder Rot-Weiß-Rot. Dieses Erscheinungsbild macht neugierig und die Wechselfassade verleiht durch die lebendige Dramaturgie dem Pavillon eine hohe Anziehungskraft.

Die Glasflosse wirkt als weithin sichtbares Zeichen. Sie ist mit tausend weißen und roten Kugeln gefüllt, die einen heiteren Eindruck vermitteln.

Die einladende Außengestaltung setzt sich im Inneren des übersichtlich konzipierten Grundrisses fort. Die Eintrittshalle mit Restaurant, Shop und Mehrzweckraum für Veranstaltungen, Fernsehübertragungen oder Ausstellungen leitet über zur Hauptattraktion, der großen Ausstellungshalle, dem «Circus Maximus». Hier und in den übrigen Publikumsbereichen, die stufenlos und fußgängerfreundlich in einer Ebene liegen, dominiert die Grundidee des «virtuellen Österreich».

Die Räume der Expositur der Wirtschaft und der Direktion mit Empfangs- und Besprechungsräumen, Sekretariaten etc. be-

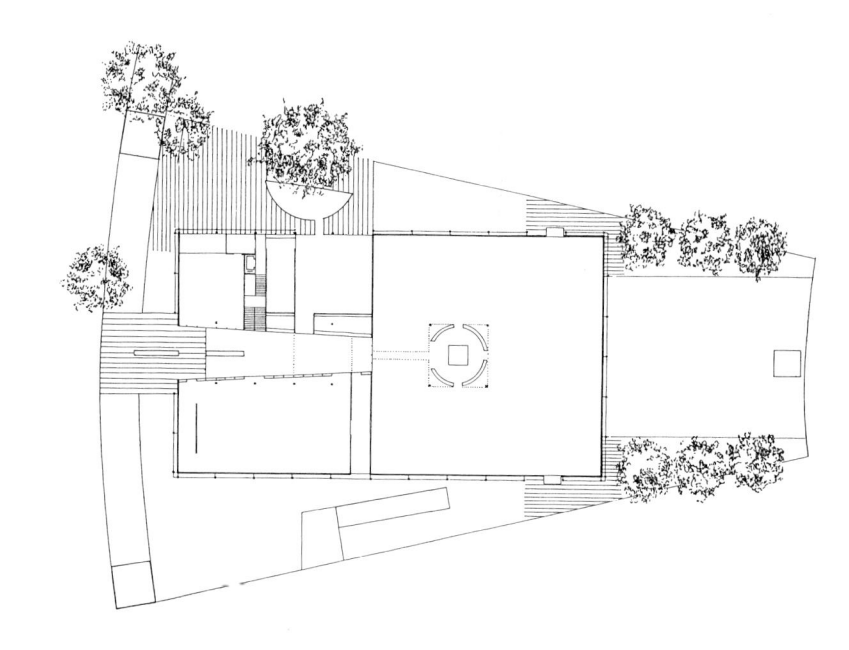

Lageplan Site plan

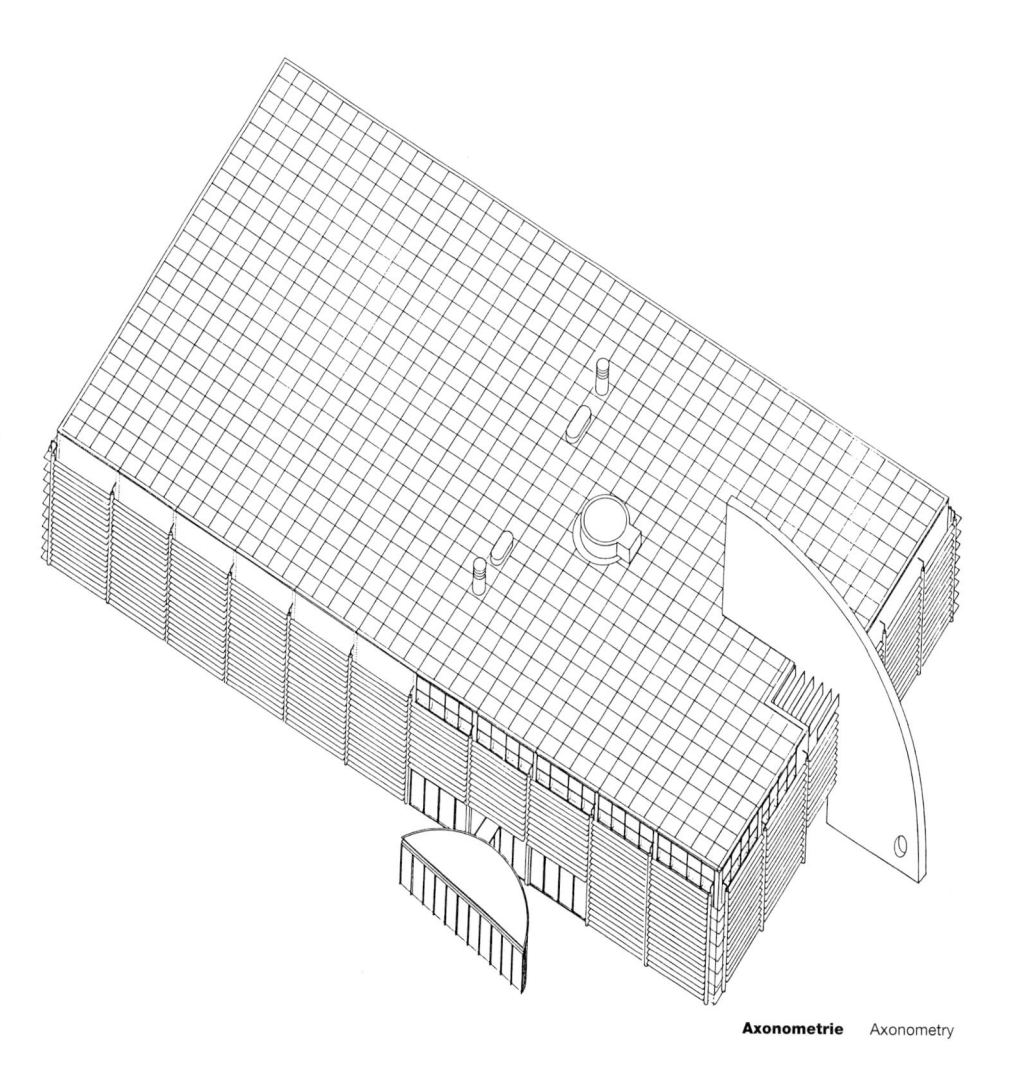

Axonometrie Axonometry

finden sich im 1. Obergeschoß. Der Kindergarten im gutbelichteten Untergeschoß hat zusätzlich einen eigenen Zugang von außen; der Shop, das Restaurant und der Küchenbereich verfügen über separate Anlieferung. Zu den VIP-Räumen im ersten Obergeschoß führt ein Lift. Der Austria Circus Maximus der Kommunikation ist Österreichs Beitrag zum Thema «Kommunikation für eine bessere Welt». Die Einheit von Gebäude und Inszenierung des Innenlebens als «virtuelles Österreich» bildet die Grundidee. Österreich stellt sich mit allen seinen Bereichen, seinen Leistungen, seiner Wirtschaft, seinen Landschaften, seiner Geschichte und seinen Visionen mit Hilfe modernster Kommunikationsmittel dar: nachvollziehbarer, spannender, unterhaltender, überraschender und aktiver, als es mit den Mitteln eines herkömmlichen Ausstellungskonzepts möglich ist. Dies geschieht über: Virtual Reality und Communication-Highway.
Alles wird lebendig und beeindruckend dargestellt, ohne die herkömmliche, oft verwendete Präsentation «wirklicher» Objekte.
So erhält jede Darstellung eine vergleichbare Präsentations-Plattform, ob es sich nun um einen Mikrochip handelt oder um ein Alpenpanorama. Alles ist Kommunikation in der modernsten Form eines Information-Highway, der so angelegt ist, daß noch bis kurz vor Beginn der Ausstellung der aktuelle Stand der Technologie berücksichtigt werden kann.
Dieses Konzept ermöglicht unter konsequenter Umsetzung des Mottos «Kommunikation für eine bessere Welt» in einer schnellebigen Zeit den wohl aktuellsten Pavillon, der bisher auf einer Weltausstellung zu sehen war.

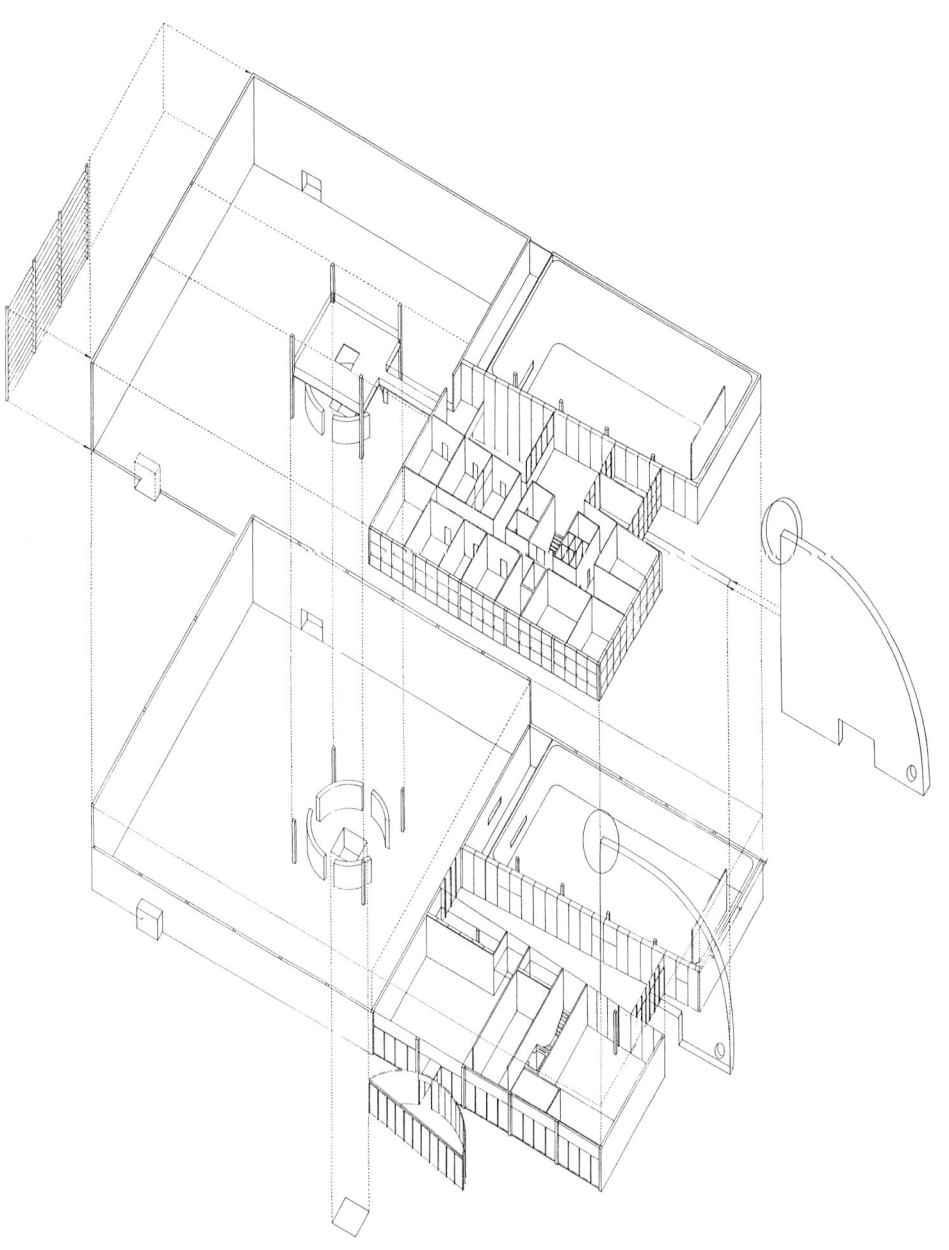

Axonometrische Darstellung EG und 1. OG Ground floor and first floor, axonometry

Die zentralen Elemente
• **Eine lebendige Fassade**, die sich laufend farblich verändern kann. Damit symbolisiert bereits das Bauwerk Kommunikation. Sie besteht aus waagrechten, gesteuert drehbaren, dreieckigen Lamellenelementen. Das Haus hat daher optisch variable Ansichten (weiß, rot, verspiegelt).
• **Der Austria Circus Maximus** ist ein riesiger, quadratischer Ausstellungsraum, dessen Zugang durch eine Passage erfolgt, an der sich rechts und links ein Veranstaltungssaal, diverse Shops und ein Restaurant reihen. Die Passage mündet in den wohlproportionierten Raum des «Austria Circus Maximus» (36 x 36 x 8 m). Alle Auftritte «Österreichs» finden hier über virtuelle Wirklichkeiten statt. Im Zentrum des Raums befindet sich eine 4 x 4 m messende Vertiefung, die «Mediengrube». Dieses Element wird betont durch eine Laser-Holographie, die einen senkrechten Hinweis auf dieses Zentrum darstellt. Hier «purzeln» virtuelle Körper von oben in die Grube, in der ein pausenloser Blick auf den Wiener Stephansplatz sich darbietet. Jederzeit, direkt und live. (Real-Time-Verknüpfung). Eine Kamera in Wien überträgt die Sicht auf den Stephansplatz – in etwa wie der Blick von der Do & Co-Terrasse des Haas-Hauses – direkt und permanent nach Budapest. Das «Bild» aus Wien wird zentral gesteuert und erlaubt über den «Information Highway» die Live-Übertragung. Das Publikum steht also am Geländer der Mediengrube und schaut auf den pulsierenden Stephansplatz hinunter. Somit ist der Wiener Stephansplatz mit all seinem Leben gleichzeitig in Wien und in Budapest. Die permanente Live-Übertragung schafft unmittelbare Kommunikation.

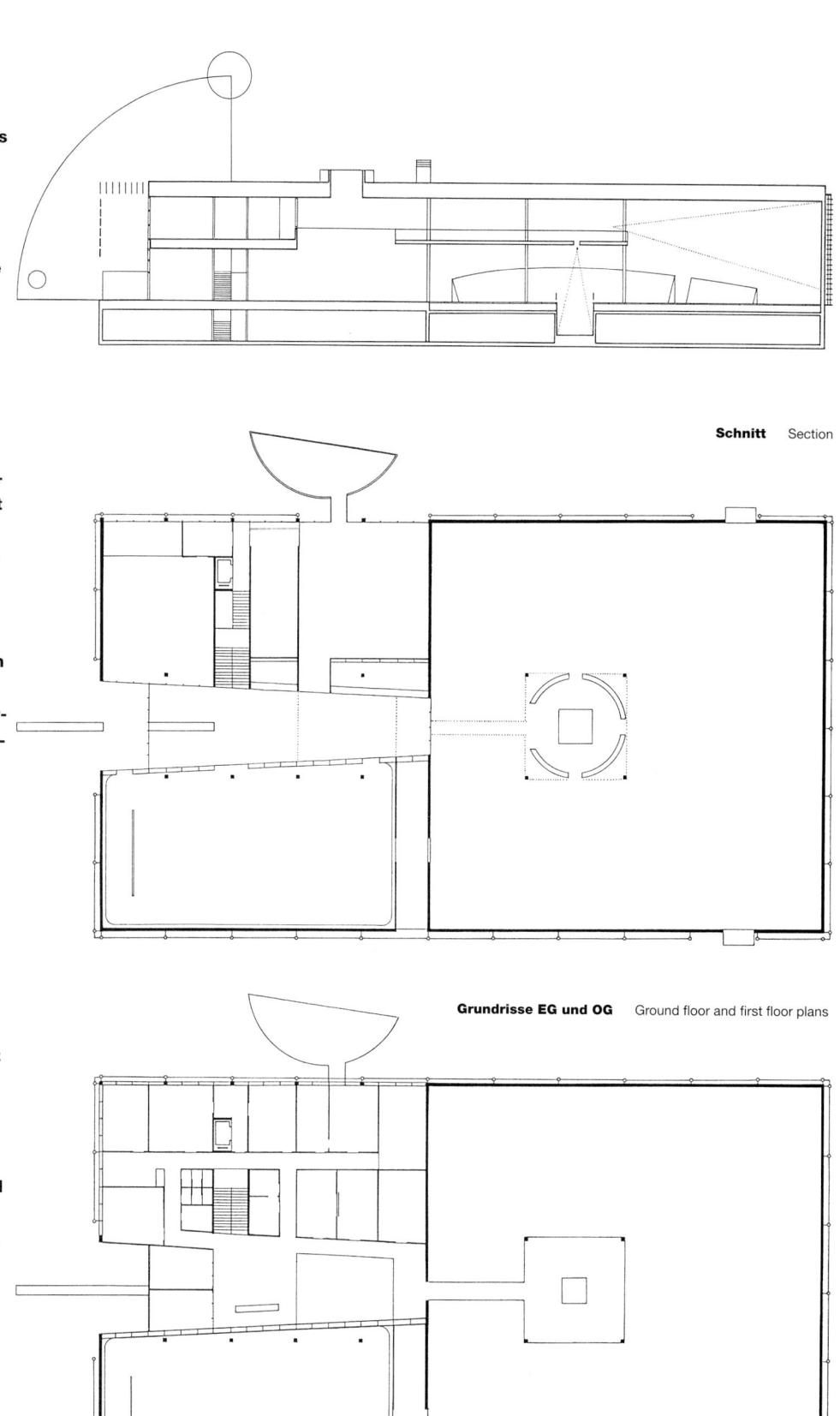

Schnitt Section

Grundrisse EG und OG Ground floor and first floor plans

Weitere Räume und Funktionen:
• «Fliegender Teppich durch Österreich» – ca. 10 Minuten Flug über ganze Landschaften aber auch durch kleine Räume. Er macht dem Zuschauer gleichzeitig den Blick nach vorn (wie bei einer Filmvorführung), und nach unten (wie von einem fliegenden Teppich) möglich.
• Einladende Video-Inseln mit zahlreichen interaktiven Möglichkeiten zur Darstellung von Kunst und Kultur, Leistungen der Wirtschaft und österreichischen Produkten.
• Ein Restaurant mit Caféhaus und Lesesaal (österreichische Presse und Literatur).
• Ein Austroshop mit Kiosk.
• Ein Mehrzweckraum für Veranstaltungen, Fernsehübertragungen oder Wechselausstellungen.
• Ein Kindergarten im belichteten Untergeschoß, gestaltet von modernen österreichischen bildenden Künstlern.
(aus der Projekterläuterung)

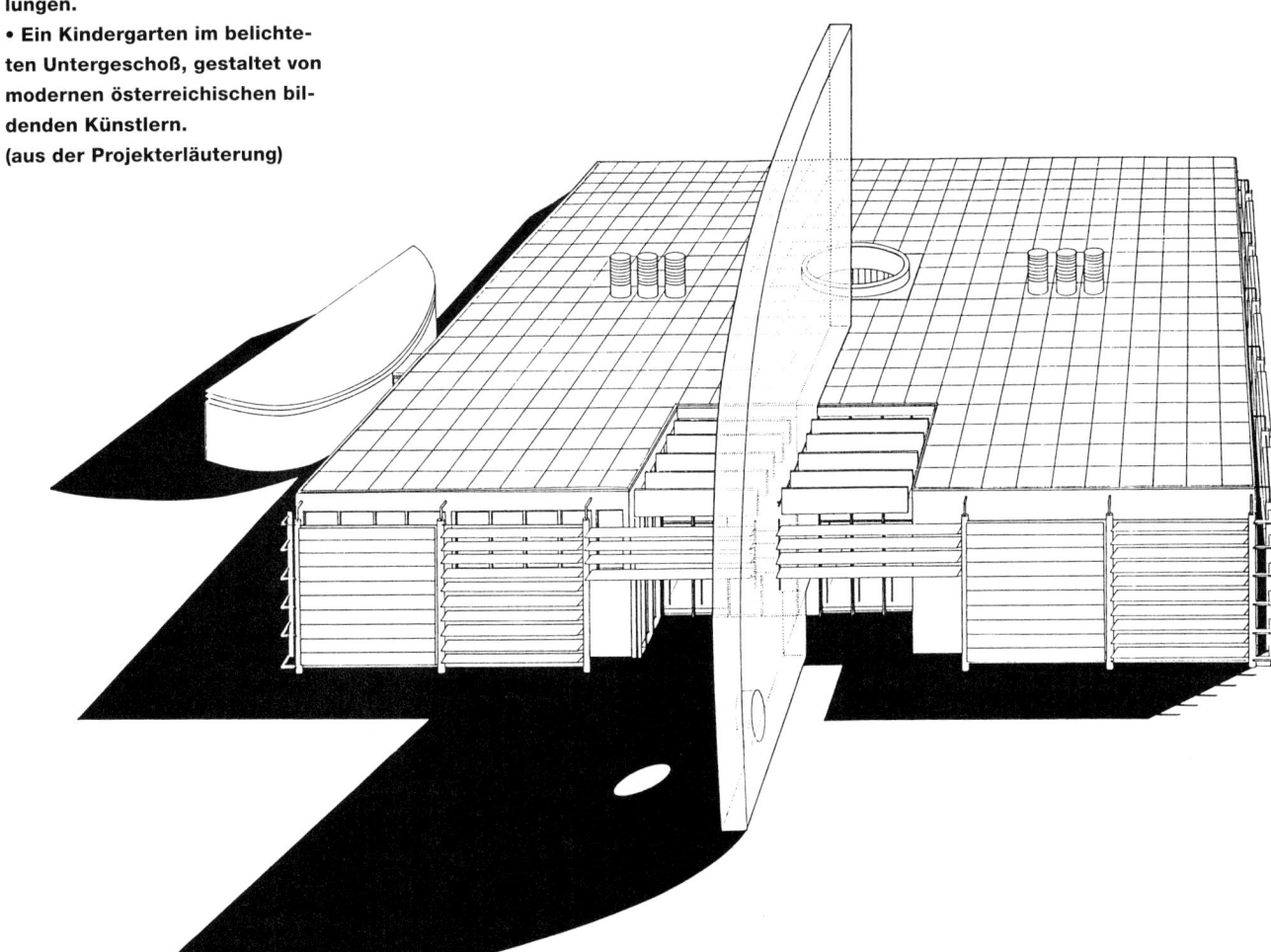

Perspektive mit druchsichtiger «Flosse»   Perspective with transparent «fin»

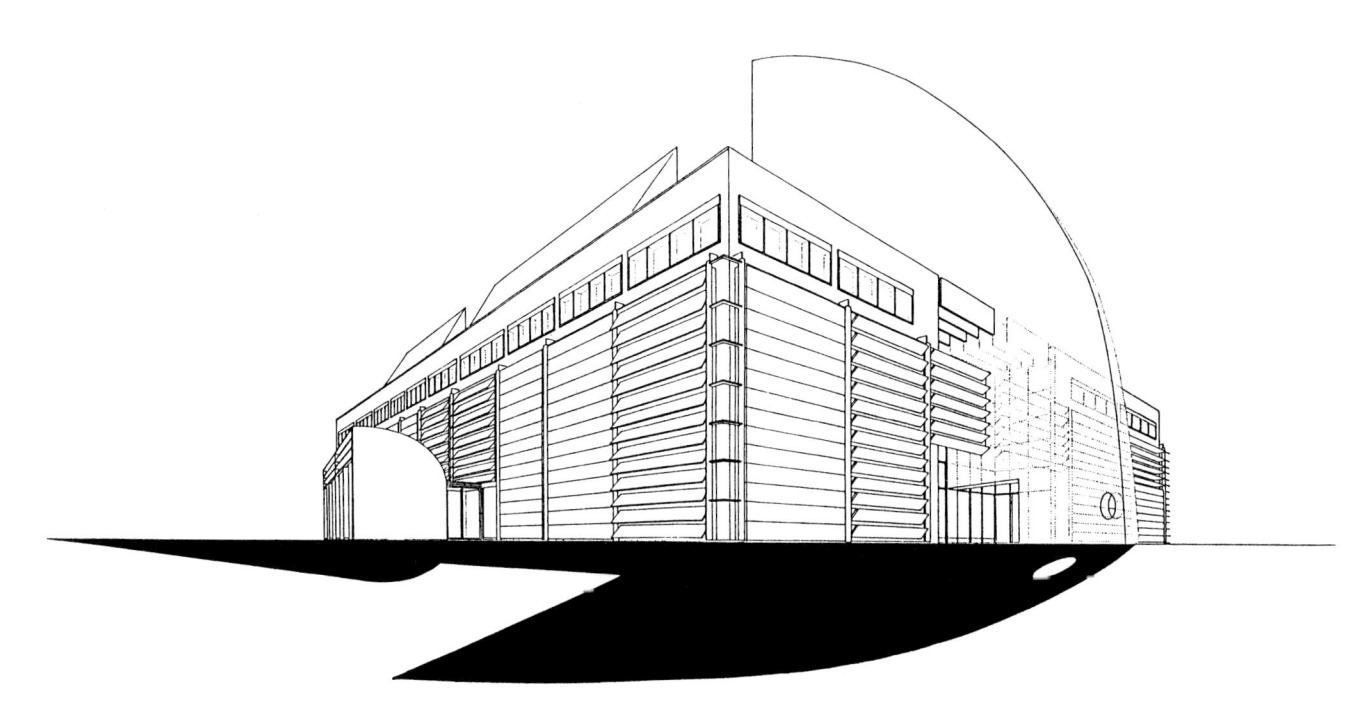

Schaubild mit Haupteingang Scheme with main entrance

Austria Pavilion, EXPO 96

Budapest, 1994

The pavilion design is based on the basic idea of an identity of building and content under the motto of «virtual Austria.» The aim here was to create an overall strategy for an exhibition pavilion closely related to options for attractive presentation of the content. The free-standing building with its clear geometric design and dimensions of 36 x 66 x 9 m takes its unmistakable appearance from a 20-metre-high «glass fin» and an intelligent «facade», an outer skin whose colours are continuously changing: mirrored, red, white, or red-white-red. This outward aspect awakens the curiosity of visitors, and the constantly changing facade increases the appeal of the pavilion with its lively dramaturgy.

The glass fin functions as a clearly visible sign. It is filled with thousands of red and white balls, adding a cheery note to the design. The welcoming atmosphere created by the exterior is continued inside by a

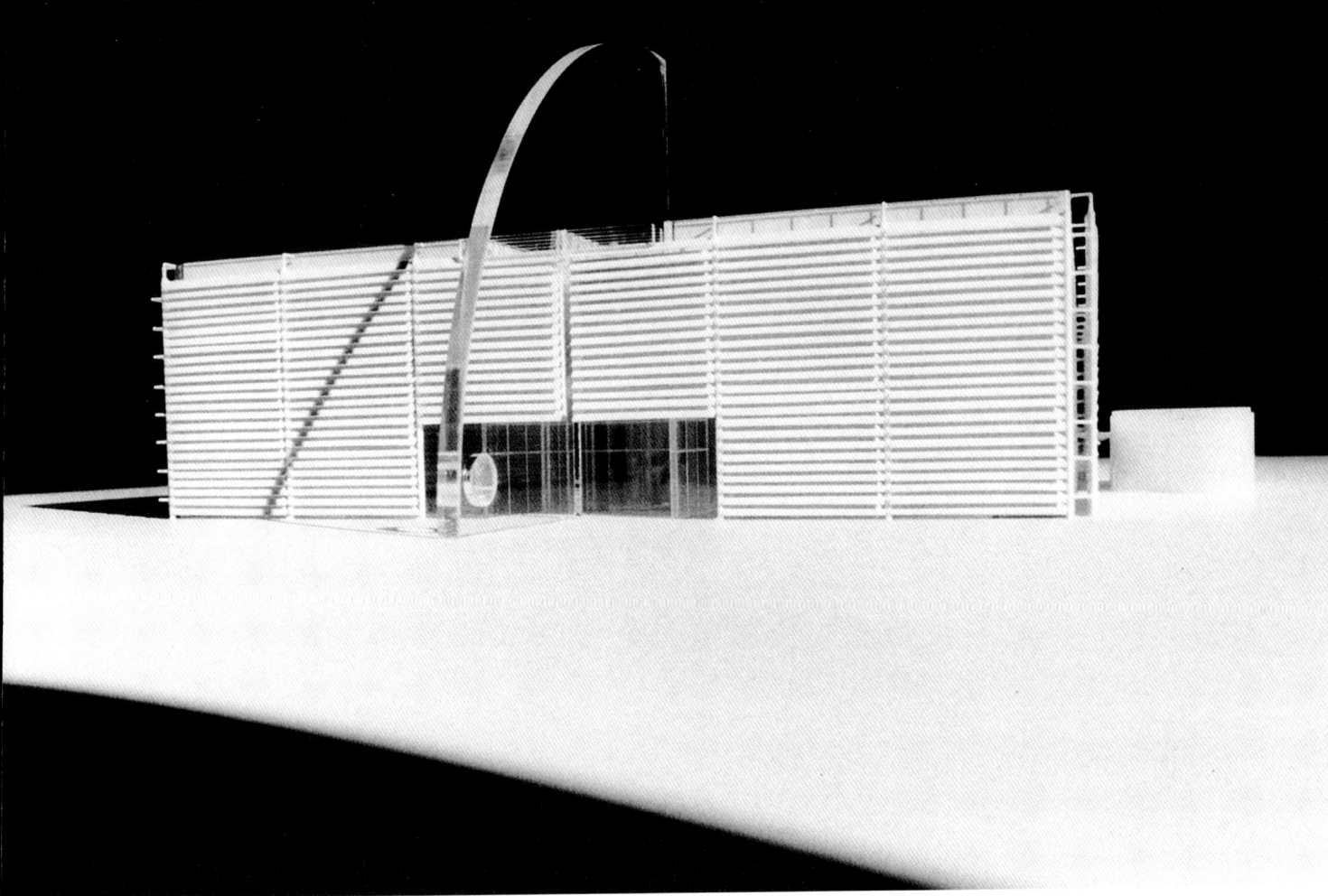

Modellfoto Eingangsseite mit «Flosse» Main entrance with «fin» model

clearly designed floor plan. The entrance hall with its restaurant, shop, and multifunctional space for events, television broadcasts, or exhibitions, forms a transition to the main attraction, the big exhibition hall known as «Circus Maximus.» Here and in the other public areas, all of which are located on a single level for greater accessibility, the basic idea of «virtual Austria» dominates. The rooms for commercial exhibitors and for the headquarters with its reception and conference rooms, secretariats, etc., are located in the first upper storey The kindergarten in the well-lit substorey has an additional access from outside; the shop, the restaurant, and the kitchen area have their own delivery access. An elevator leads to the VIP rooms in the first upper storey. The Austria Circus Maximus of Communications is Austria's contribution to the theme of «Communications for a Better World.» The uni-

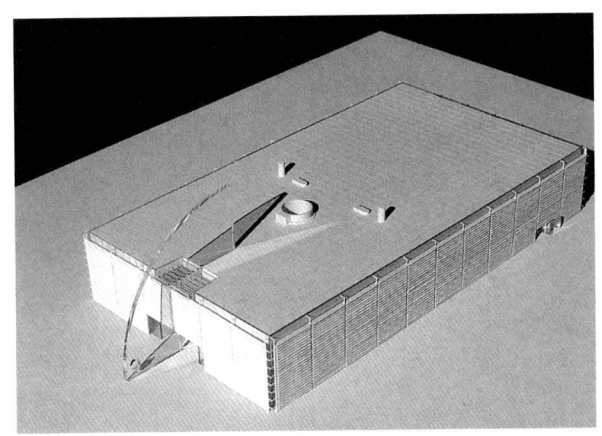

Modellfoto Baukörper Building model

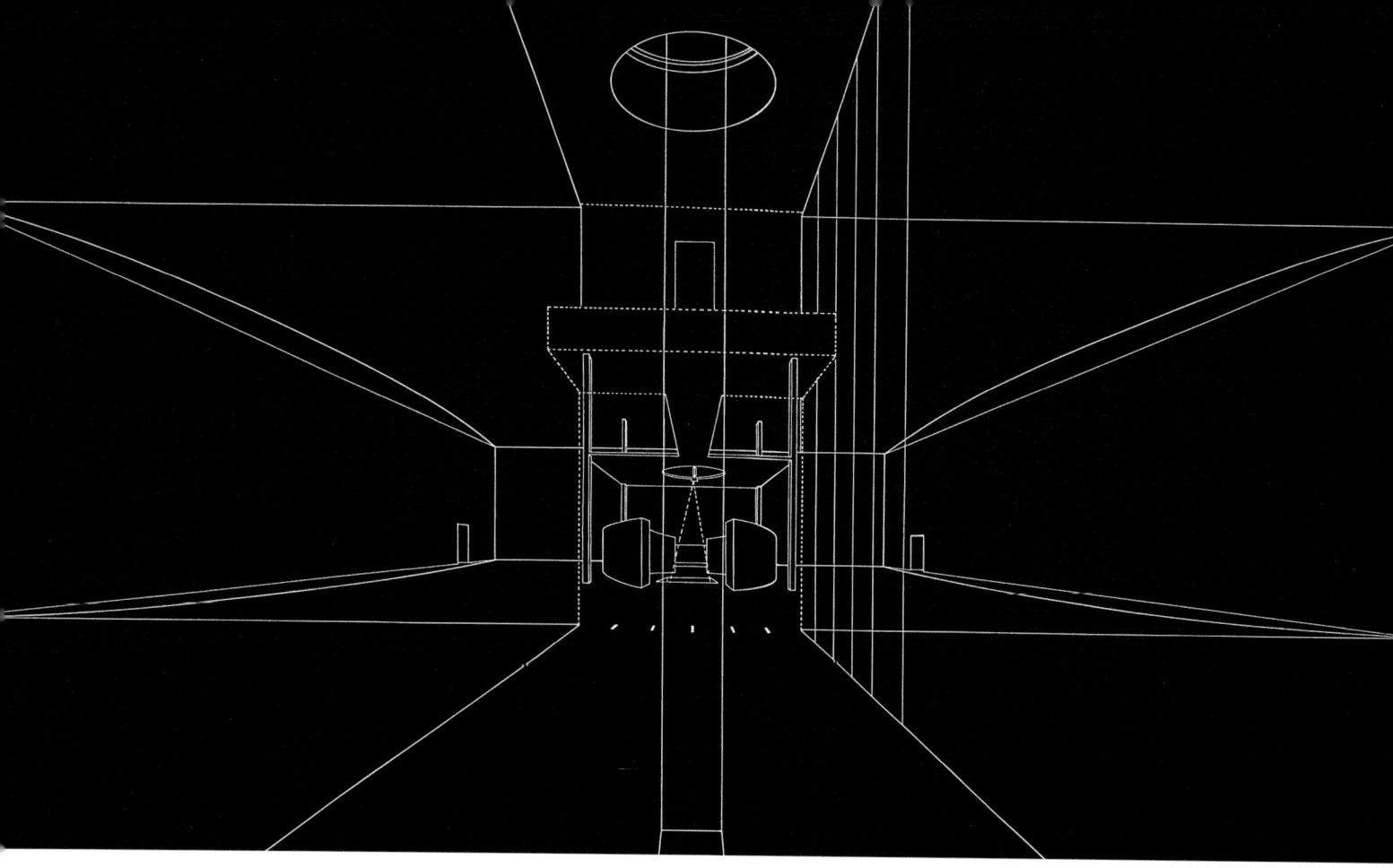

Perspektivisches Schaubild Scheme in perspective

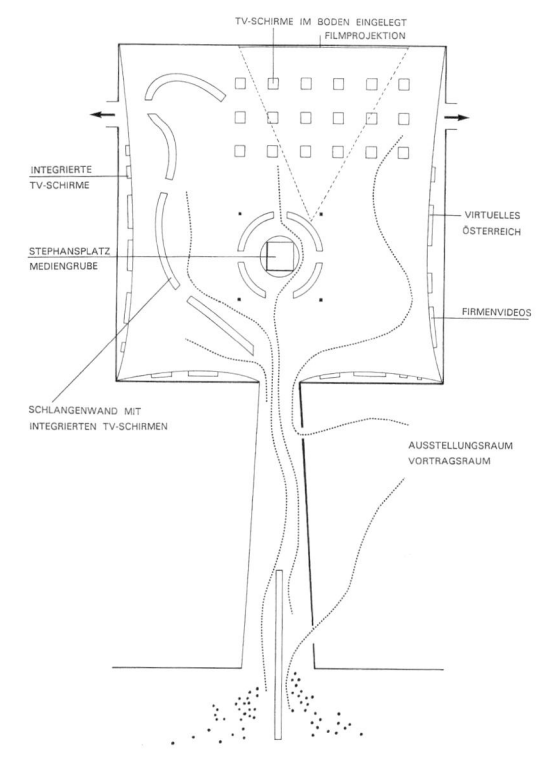

Grundriß mit Nutzungsvorschlägen Ground floor plan with utilisation schemes

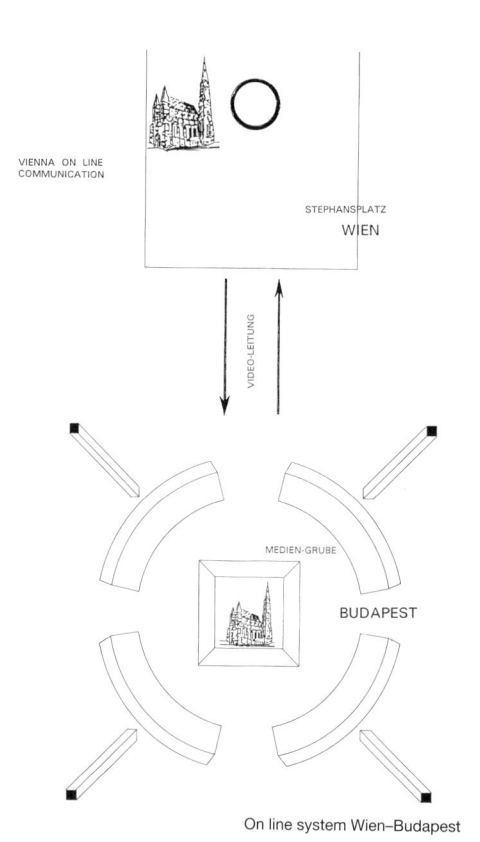

On line system Wien–Budapest

102

ty of the construction and the dramatisation of inner life as «virtual Austria» form the basic idea. Austria presents itself with all its areas, its services, its economy, its history, and its visions by means of the most modern communications technology: more comprehensible, more exciting, more entertaining, more surprising, and more active than would be possible by means of a traditional exhibition strategy. All this is done via the media of Virtual Reality and the Information Superhighway. Everything is presented in lively and impressive ways, without the traditional, familiar presentation of «real» objects. Thus each representation has a comparable presentation platform, whether it be a microchip or a panorama of the Alps. Everything is communication in the most modern form of an Information Superhighway which is designed in such a way that the current state of technology can be taken into account shortly before the exhibition is opened. This exhibition strategy, consistently observing the motto of «Communications for a Better World,» makes possible the most up-to-date pavilion that has ever been seen at a world's fair.

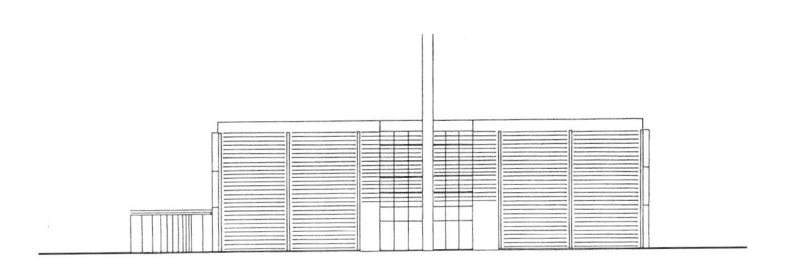

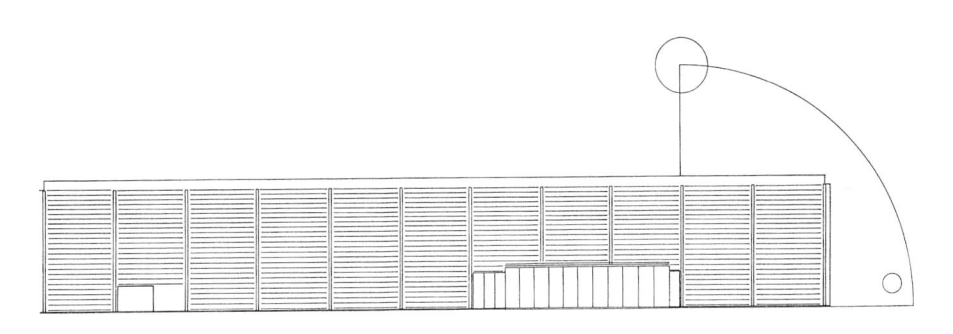

Ansichten Views

Modellfoto mit Innenausbau Transparent model revealing interior

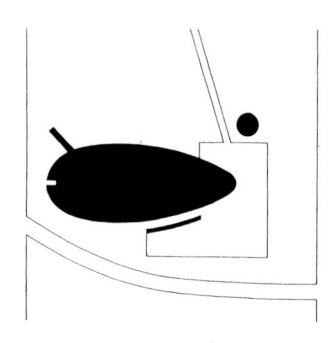

Theater der Stadt Gütersloh

Gütersloh, 1993

An der stark befahrenen Barkeystraße, von dieser durch eine Baumallee etwas abgesetzt, aber vor der eher formlosen Stadthalle, sollte der Theaterneubau als autonomer Baukörper plaziert werden, dessen Großform als ein Ganzes wirkt. Im Grundriß von eiförmigem Zuschnitt begrenzen senkrechte, drei Geschosse hohe Wände das Volumen, aus dessen Dach sich, beginnend mit einer Rampe aus Sitzstufen, das Bühnenhaus herausschwingt. Das Innere teilt sich zwei Drittel zu einem Drittel in Bühnenanlage und Diensträume einerseits und in den Publikumsbereich andererseits. Die Funktionen sind den runden Begrenzungslinien sinnvoll eingeschrieben. Den Scheitel mit dem kleinsten Radius hält das Theatercafe besetzt. Eine Stiegenrampe und ein Lastenlift treten aus dem Baukörper heraus und verankern ihn mit dem Boden. Als drittes Element ist der nahe, denkmalgeschützte Wasserturm zu nennen, mit dem das Bauwerk in ein spannungsreiches Verhältnis tritt. Würde der Turm nicht schon seit Jahren dastehen, hätte der Architekt gewiß ein entsprechendes Verti-

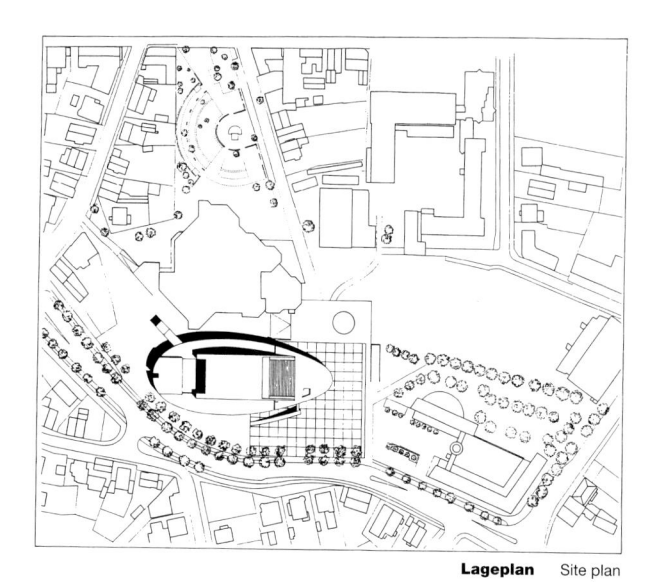

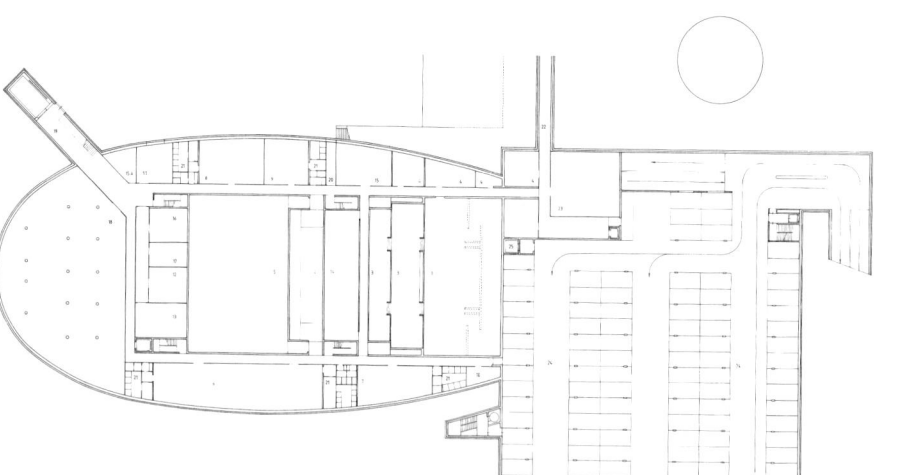

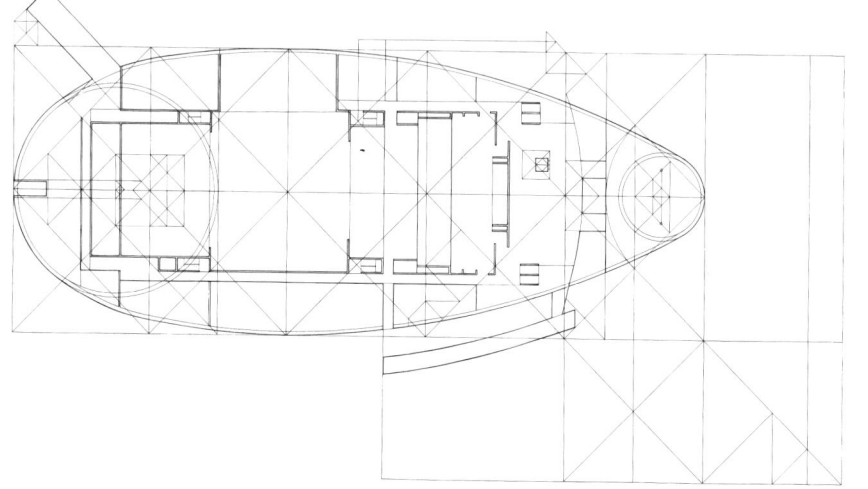

Lageplan Site plan

Grundrisse EG und OG Ground floor and first floor plans

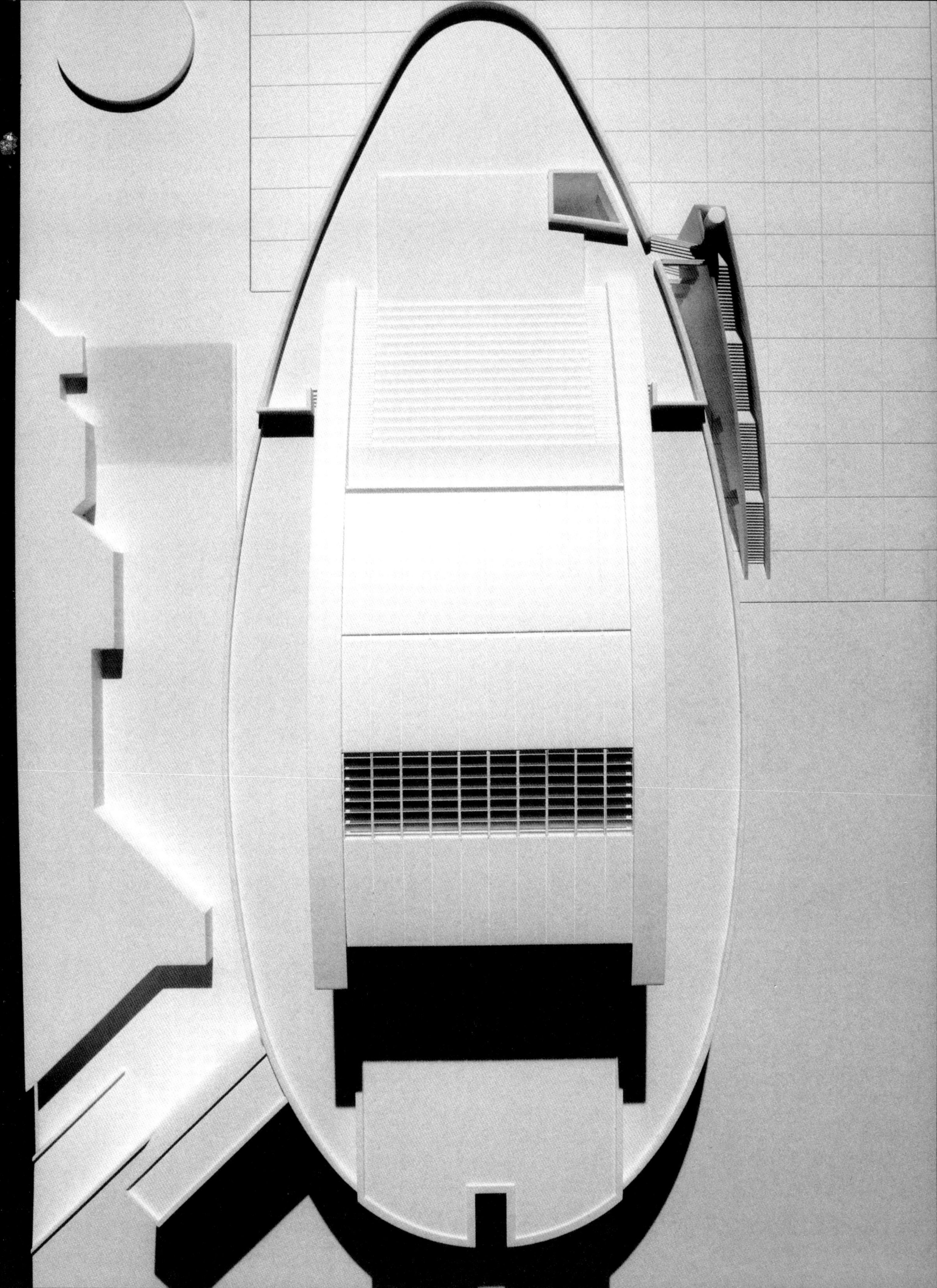

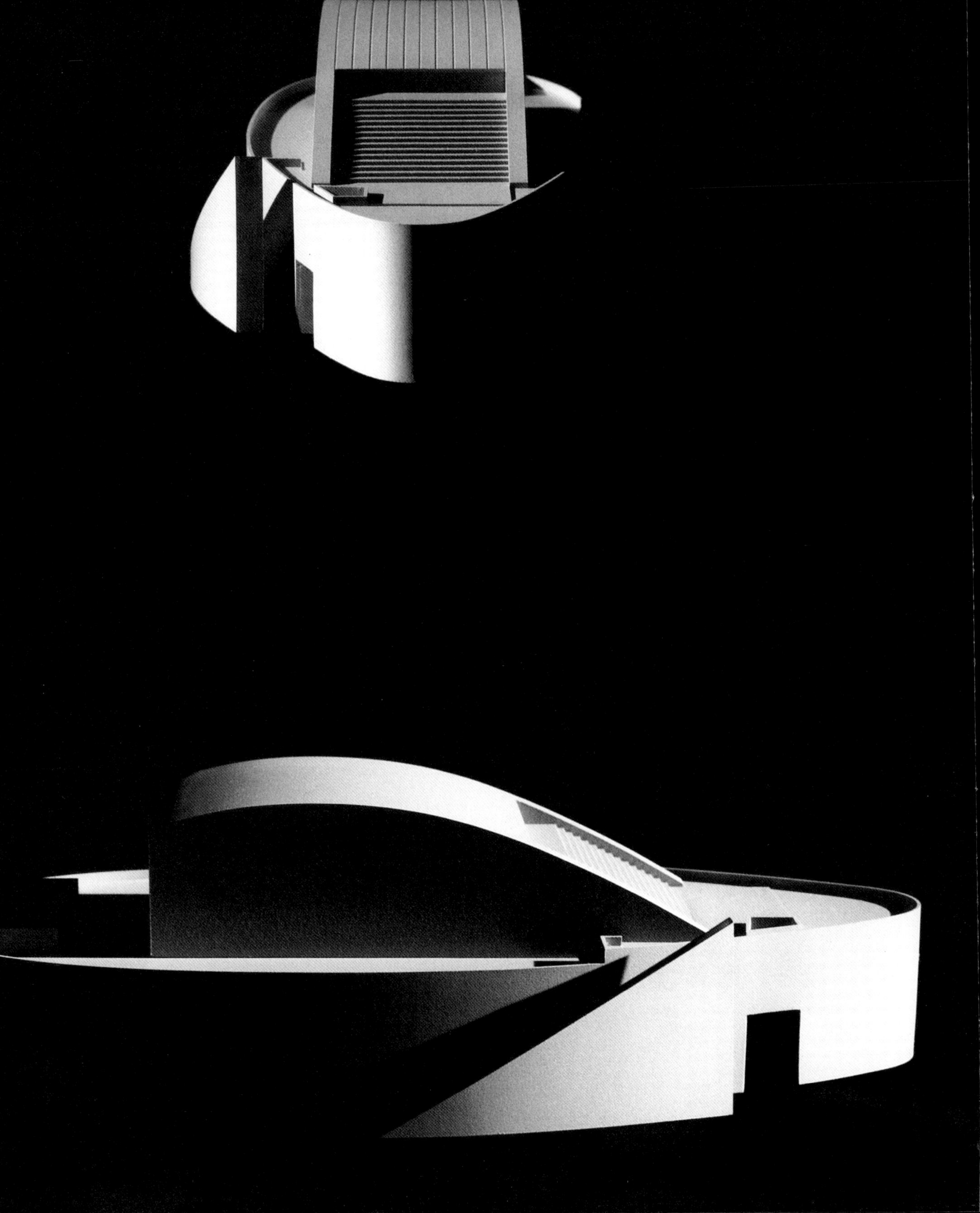

kalelement neu vorgeschlagen. Die Fassaden sind entsprechend den dahinterliegenden Funktionen in polarisierender Weise gestaltet, sodaß die hermetische Großform relativiert wird. Das reichhaltige Repertoire von Gustav Peichls architektonischen Anliegen: signifikante Großform, begehbare Dachlandschaft, geometrische Klarheit, gestalterische Umsetzung optimierter Funktionen, bewußte Lichtführung und anderes mehr ist hier zu einem grundsätzlichen Kulturbauwerk integriert.

Gütersloh City Theatre

Gütersloh, 1993

The new theatre building, its large volume functioning as an autonomous, integral whole, on the busy Barkeystrasse, is set back from the line of the street by a tree-lined alley. Three-storey walls mark the limits of the volume in an oval floor plan. The volume that houses the stage swings down in a graceful movement, beginning with a ramp of seating levels, from the roof of the larger volume. Two-thirds of the interior are occupied by the stage and service areas and one-third by the seating area. The various functions are clearly inscribed on the curving outlines of the building. The top structure with the smallest radius houses the theatre cafe. A ramp and a freight elevator emerge from the built volume, thus anchoring it to the ground. A third element is the nearby water tower, a protected architectural monument to which the new building establishes an active relationship. Had the tower not already been standing here for years, the architect would have undoubtedly proposed the construction of a new vertical element corresponding to it. The facades are designed to correspond clearly to the

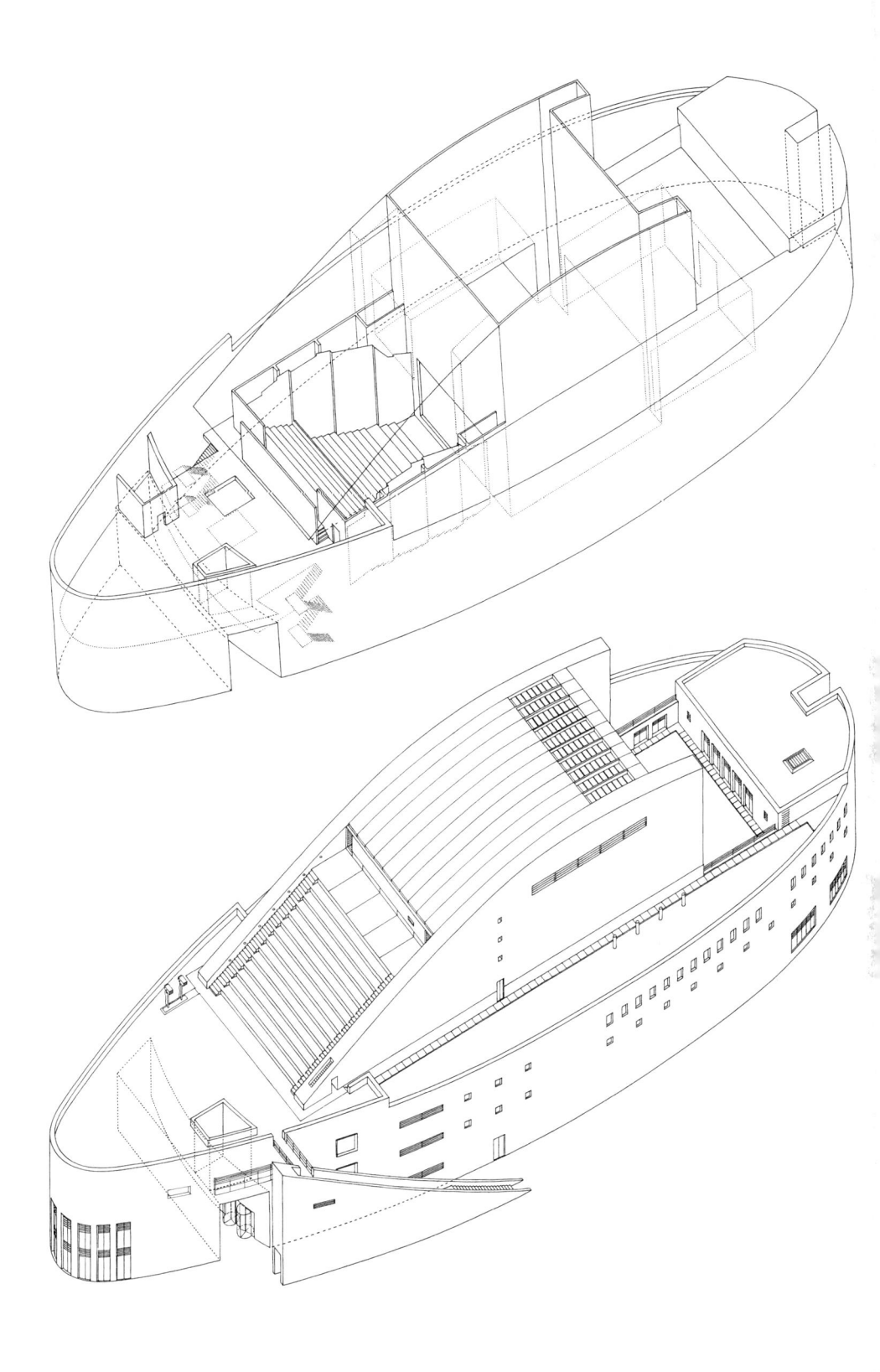

Axonometrische Darstellung Innenteil und Dachaufsicht   Axonometry, revealing interior and roof

functions lying behind them, thus relativising the large, hermetic form. The rich repertoire of Gustav Peichl's architectural concerns large, clearly readable forms, accessible rooftop landscapes, geometrical clarity, the formal translation of optimised functions, the careful use of light, and others are here integrated to form an archetypal cultural building.

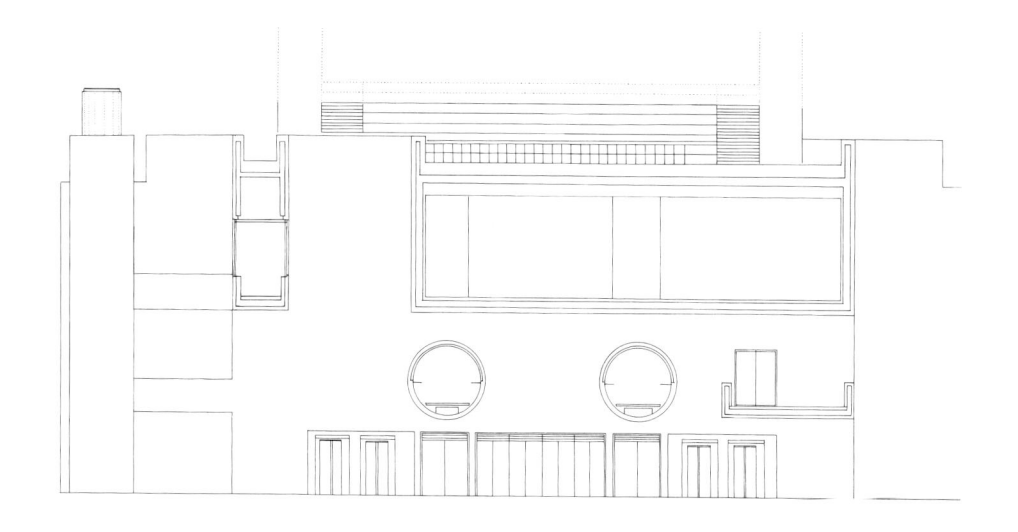

Seitenansicht Side view

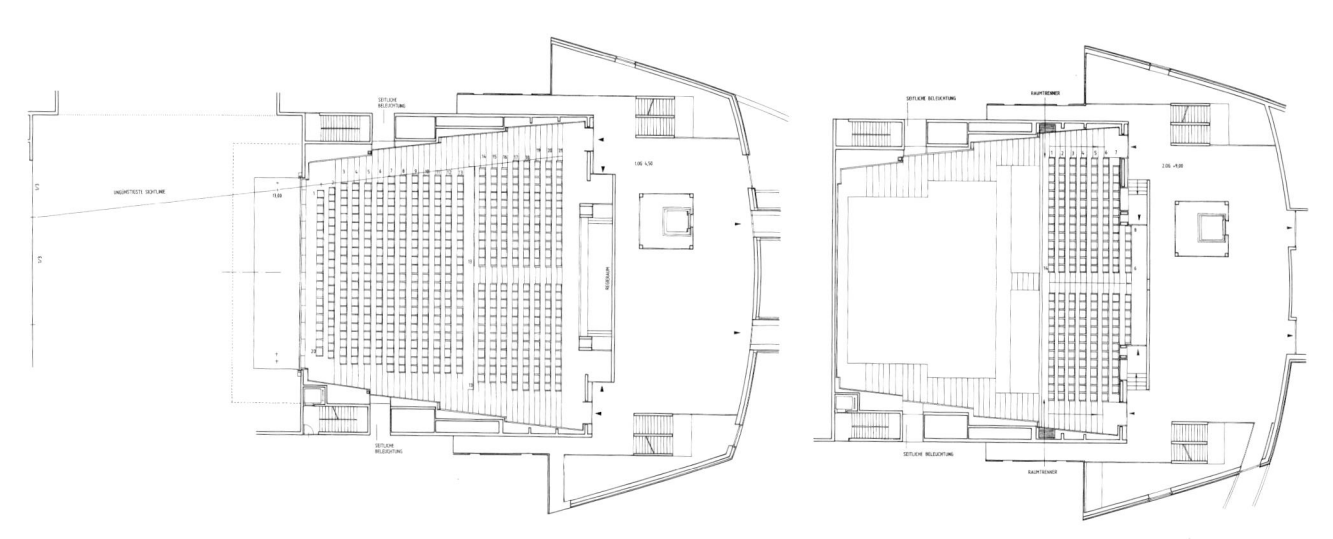

Grundrisse 1. OG und 2. OG First floor and second floor plans

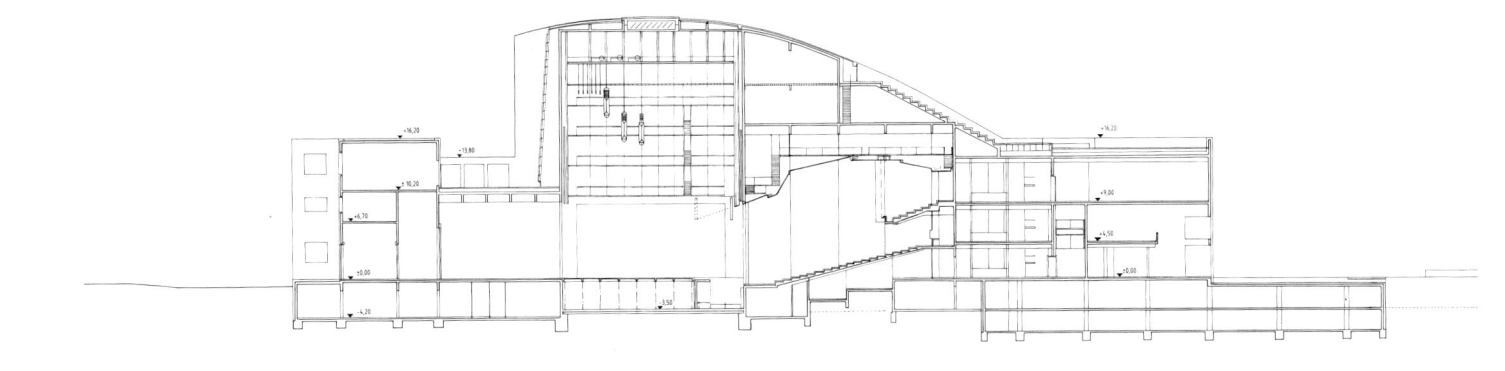

Längsschnitt   Longitudinal section

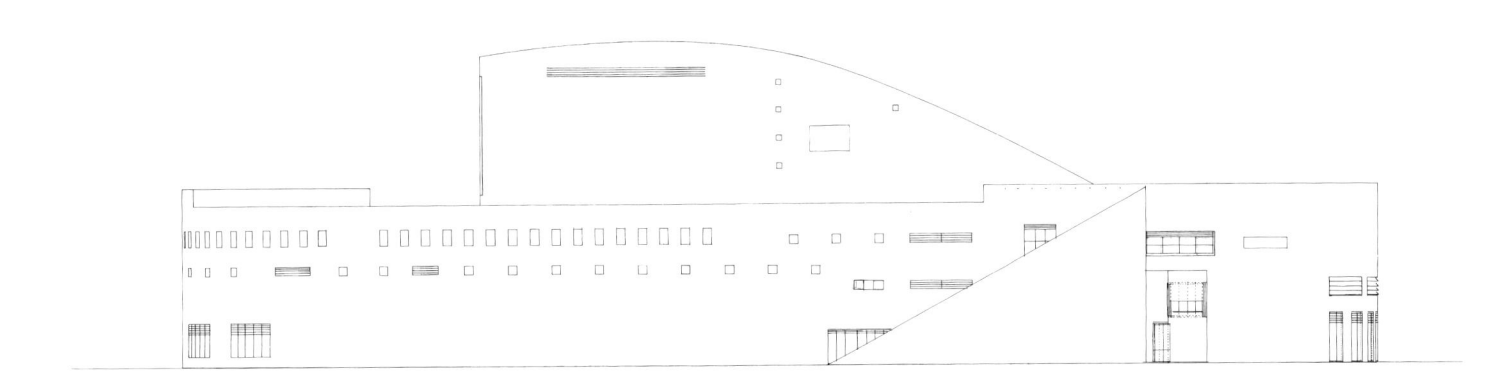

Seitenansicht   Side view

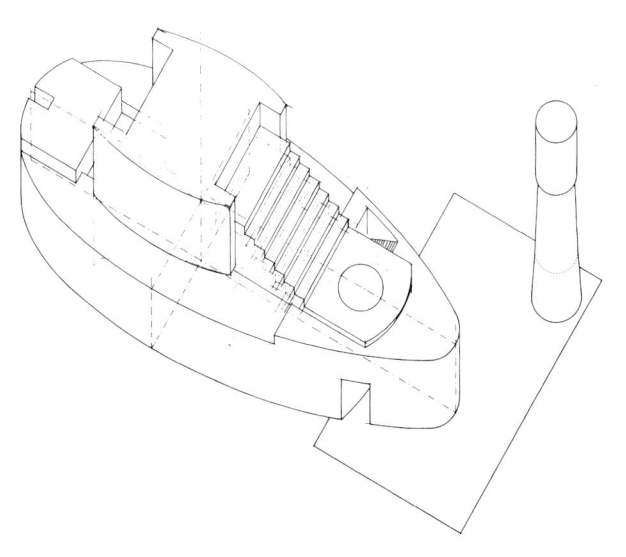

Axonometrie   Axonometry

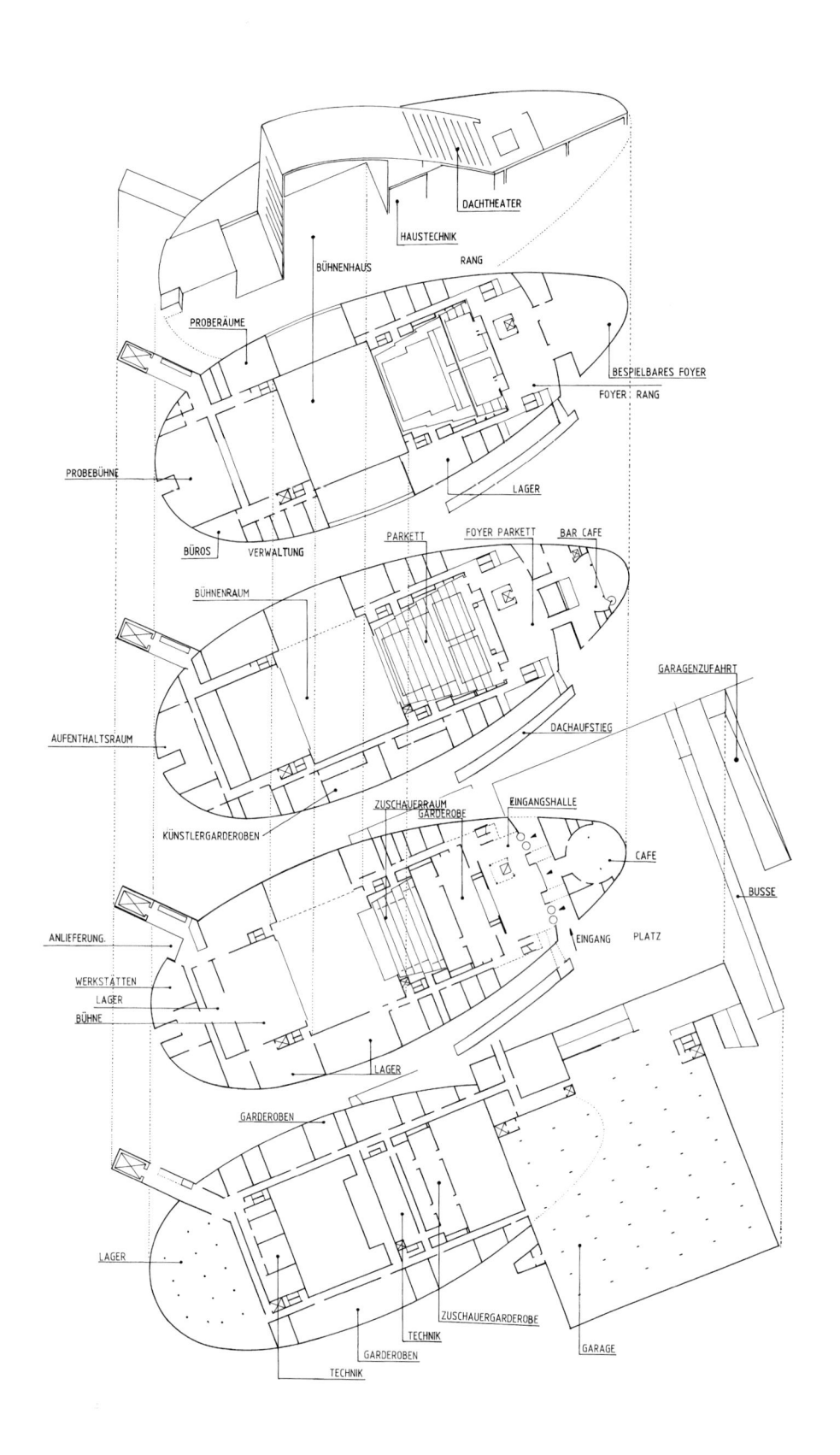

Grundrißschema UG und Dachaufsicht Floor plan schemes

110

Ansichten   Views

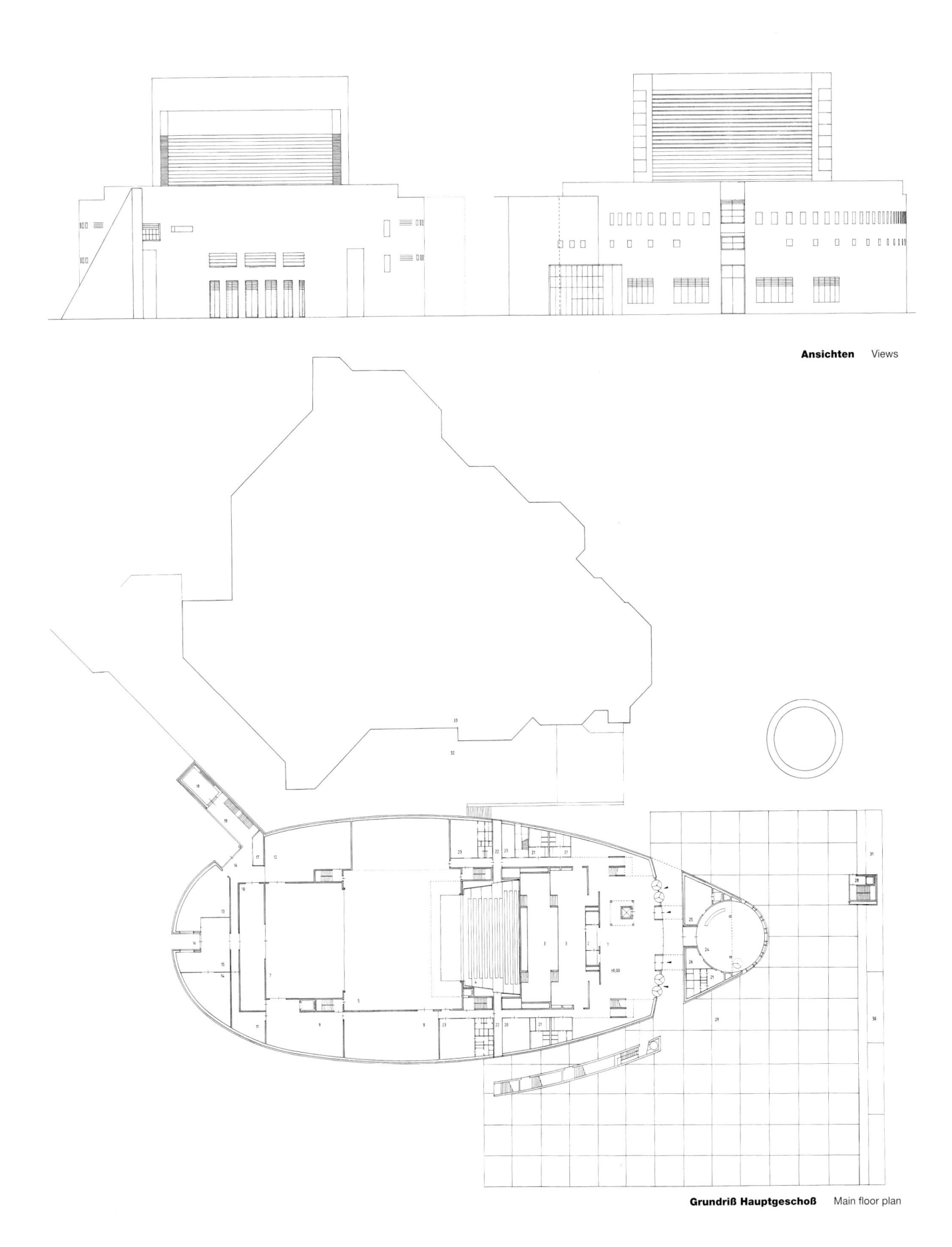

Grundriß Hauptgeschoß   Main floor plan

111

Erweiterungsbau Städelschule

Sachsenhausen/Frankfurt a.M., 1990/91

Vom Frankfurter Museumsufer etwas zurückgesetzt zieht sich der ebenfalls von Gustav Peichl entworfene Erweiterungstrakt des Städelmuseums, direkt am Gehsteig, entlang der Holbeinstraße nach hinten. Als stadträumliche Fortsetzung, vom Museumsbau jedoch durch die Zäsur einer schräg verlaufenden Scharte von knapp vier Metern Weite getrennt, schließt die Erweiterung der Städelschule an, die sich zugleich auf den Altbau bezieht und an dessen Seitenrisalit andockt. Als Abschluß des langen Trakts ist das flache Dach schwungvoll zu einer Kopfsituation hochgezogen. Im Inneren sind die Bibliothek und mehrere Ateliers um eine zentrale Halle gruppiert, deren Belichtungsprisma über drei Geschosse durchgeht und in einer Glaspyramide kulminiert. Die Ateliers weisen zum Teil eingezogene Galerien auf, die über interne Treppen zu erreichen sind. Sie verfügen über Seiten- oder Oberlichter, während die Qualität der künstlichen Beleuchtung jener entspricht, die in Ausstellungsräumen gebräuchlich ist.

Seitenfassade Schulbaukörper   School facade

Stadelschule Extension

Sachsenhausen/Frankfort a.M., 1990/91

Set back from the Frankfort Museum Riverbank, the Stadelmuseum extension also designed by Gustav Peichl runs to the back along Holbeinstrasse, and directly abutting the sidewalk. The extension of the Stadelschule continues the overall plan of the main museum building, yet is separated from it by a slanting

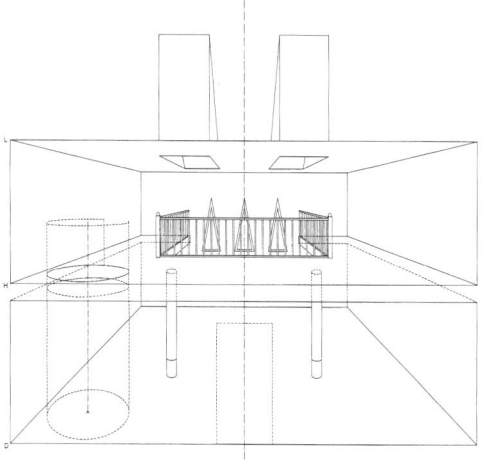

Perspektive Bibliothek   Library in perspective

112

gap roughly four metres wide. The extension, which takes the old building as its point of reference, is connected to the main structure at its side projection. The flat roof curves up to its clearly marked conclusion at the end of the long block. Inside, the library and several studios are grouped around a central hall whose lighting prism extends through three storeys and culminates in a glass pyramid. The studios have galleries, some of them retracted, that can be reached by internal stairways. They are also provided with side lights or skylights, while the quality of the artificial lighting corresponds to that usually used in exhibition spaces.

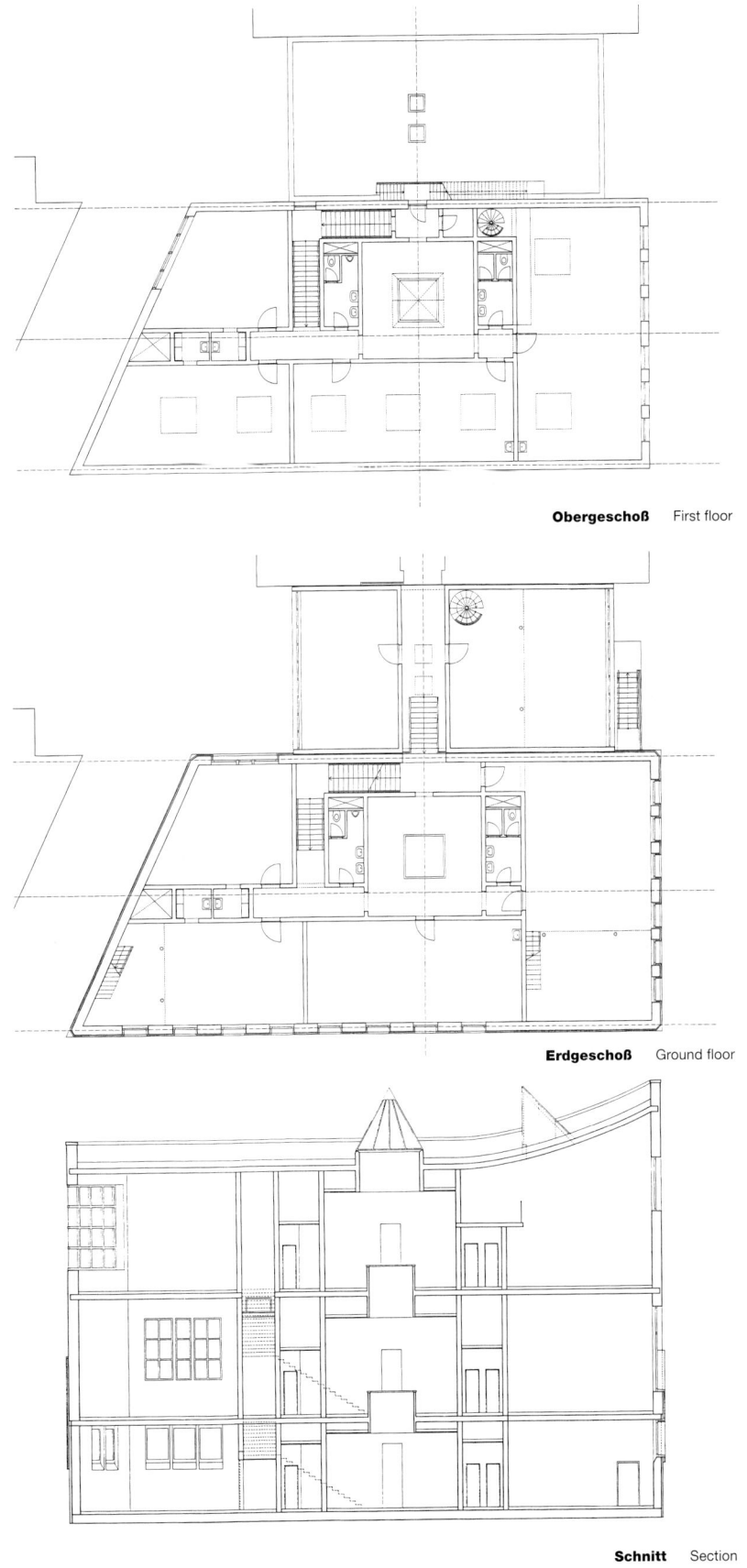

Obergeschoß   First floor

Erdgeschoß   Ground floor

Schnitt   Section

Ansicht Holbeinstraße View from Holbein Street

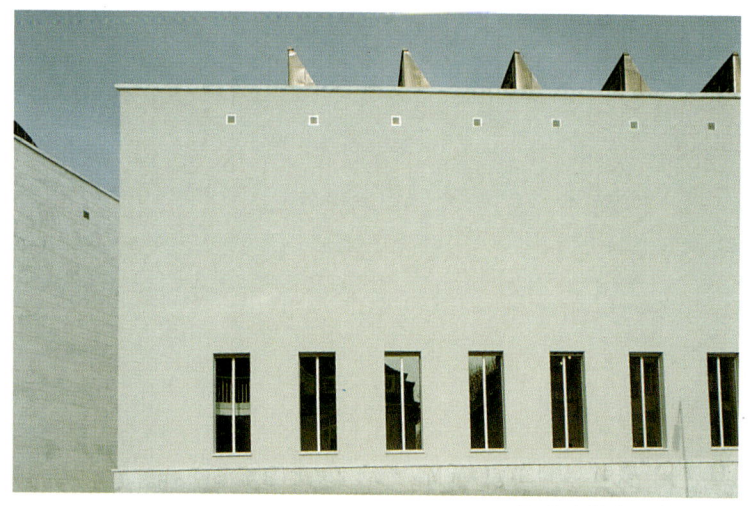

Zentrale Halle Central hall

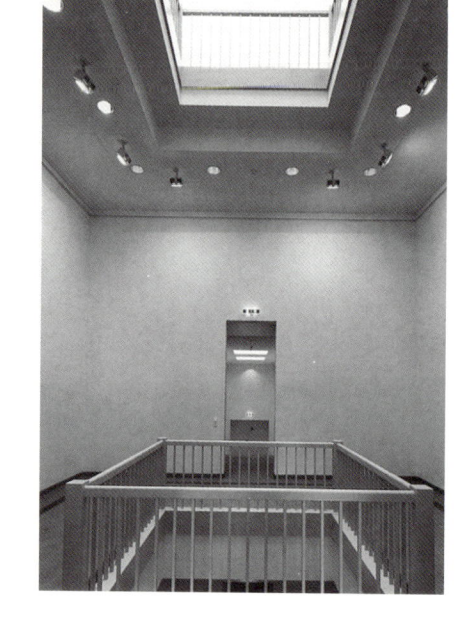

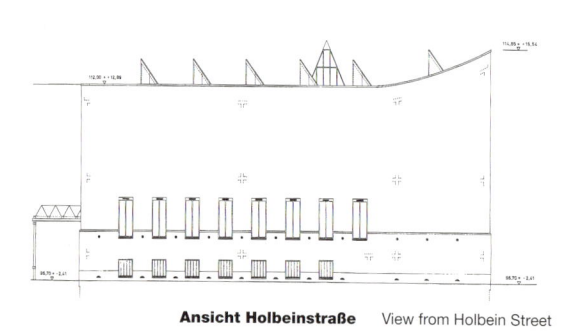

Ansicht Holbeinstraße View from Holbein Street

Blick in das Obergeschoß View to upper storey

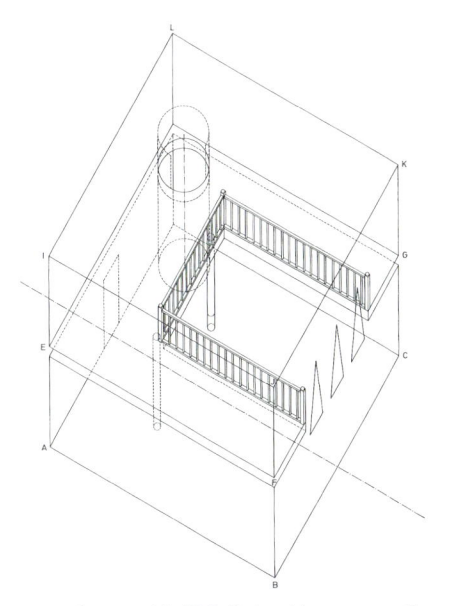

Axonometrie Bibliothek Library, axonometry

Atelierraum mit Galerie Studio with gallery

115

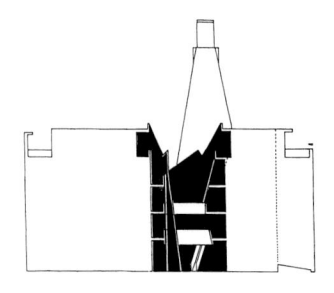

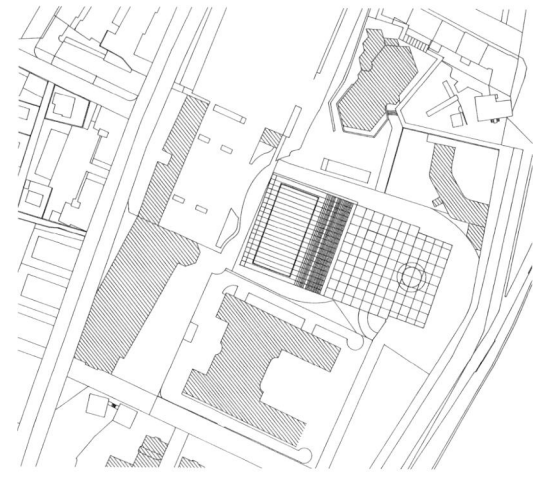

Lageplan Polo Natatorio Site plan, Polo Natatorio

Palazzo Tergesteo
Triest, 1995

An der Riva Tommaso Gulli am triestiner Hafenbecken, zwischen Mole Sartorio und Mole Venezia, unweit der Pescheria soll, in Zusammenarbeit mit Franco Fonatti, der Palazzo Tergesteo a Mare errichtet werden. Anstelle einer abbruchreifen Schwimmhalle und eines alten Weindepots wird ein langgestrecktes Bauwerk treten, mit Geschäftsnutzungen und Ausstellungssälen für Spezialmessen im Erdgeschoß und im Mezzanin, darüber Büros und Konferenzsäle, im weiteren Fitness-, Wellness-, Rehabilitations- und Gymnastikeinrichtungen sowie ein Schwimmbecken im obersten Geschoß. Ein sehr großer und ein etwas weniger großer quadrischer Baukörper sind auf Straßenbreite aneinandergerückt. Die öffentliche Gasse bildet die Verlängerung der dahinter verlaufenden Via Argenta. Als Gelenk dient der steil kegelförmig aufragende Turm, der als Wahrzeichen der Anlage mit jenem der Pescheria kommuniziert. Die Fassade zum Meer ist mit Glas weit geöffnet, und den Blicken durchlässig; zugleich spiegelt sie den Wechsel des Lichts; jene zur Straße ist mit Steinverkleidung in der Art zeitgemäßer Geschäftshäu-

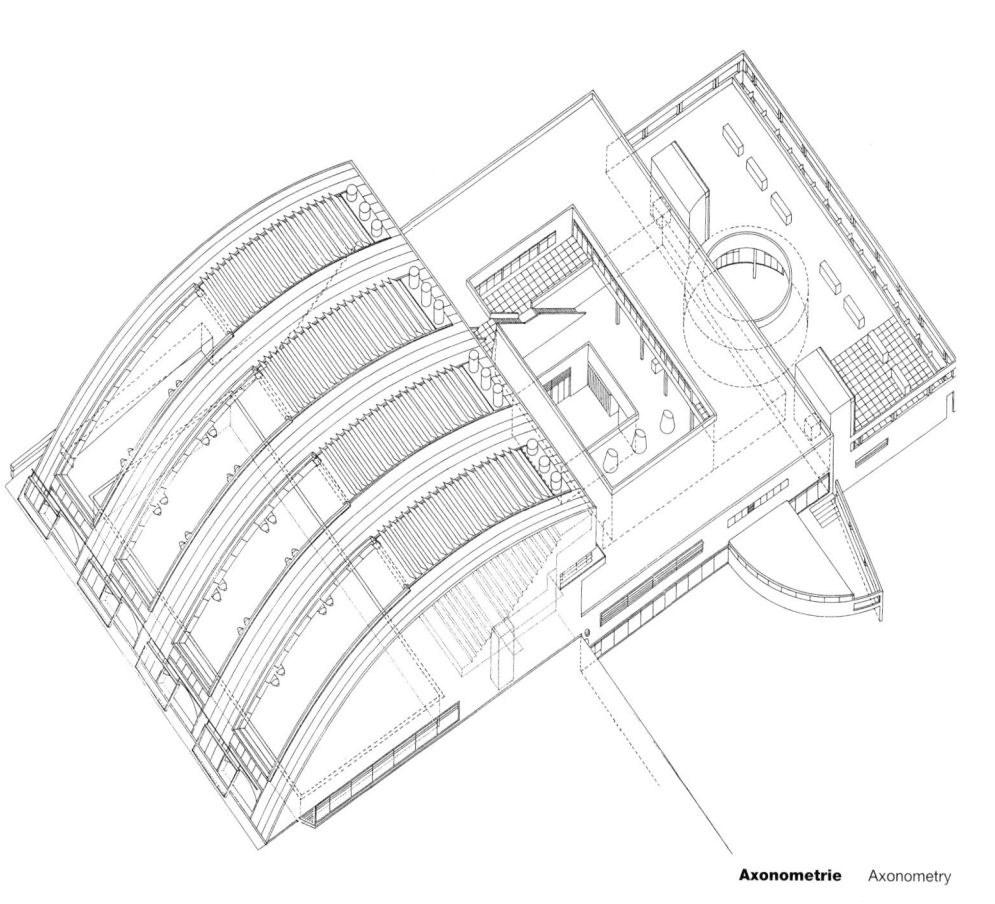

Axonometrie Axonometry

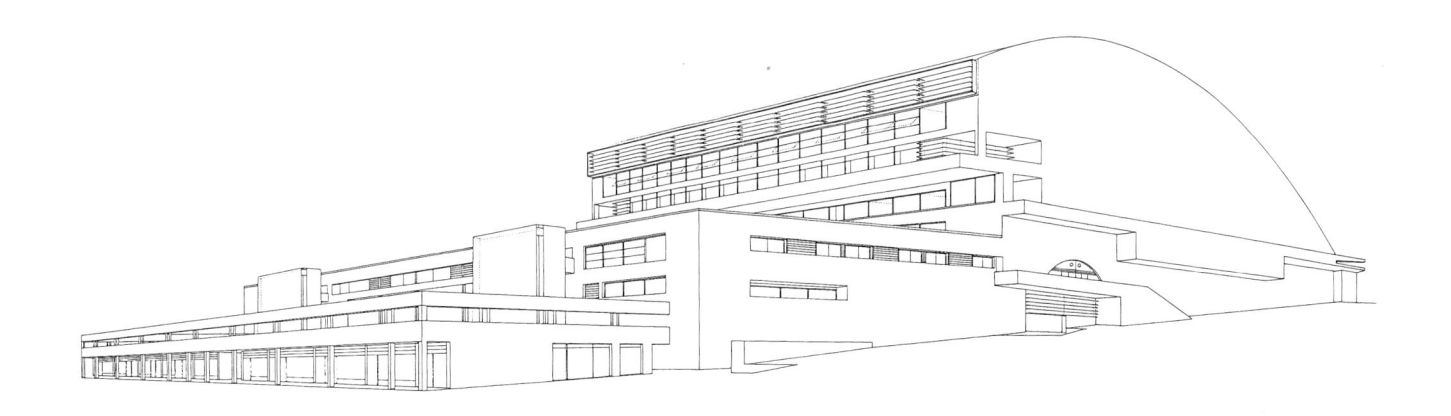

Schaubild Polo Natatorio Scheme, Polo Natatorio

ser vorgesehen. Für die beiden vorherigen Nutzungen wird an anderer Stelle ein «Polo Natatorio» genanntes Gebäude mit Schwimmhalle usw. unter der gestalterischen Betreuung durch G. Peichl und F. Fonatti neu errichtet.

Palazzo Tergesteo
Triest, 1995

The Palazzo Tergesteo a Mare is to be built in co-operation with Franco Fonatti on Riva Tommaso Gulli on the harbor of Triest, between Mole Sartorio and Mole Venezia. A condemned indoor swimming pool and an old wine warehouse on the site will be replaced by an elongated building with business uses and exhibition halls for special trade fairs in the ground storey and mezzanine; the upper storeys will house offices and conference halls as well as fitness and health facilities and a swimming pool on the top floor. A very large volume and a somewhat smaller square one are pressed together for the width of the street. The public lane forms the extension of the Via Argenta that runs behind it. The steep, conical tower, functioning within the design as a kind of hinge, serves as a trademark of the complex and communicates with its counterpart in the Pescheria. The glass facade facing the sea

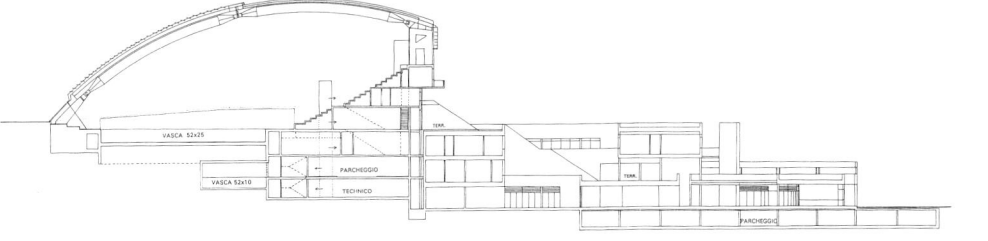

Längsschnitt Longitudinal section

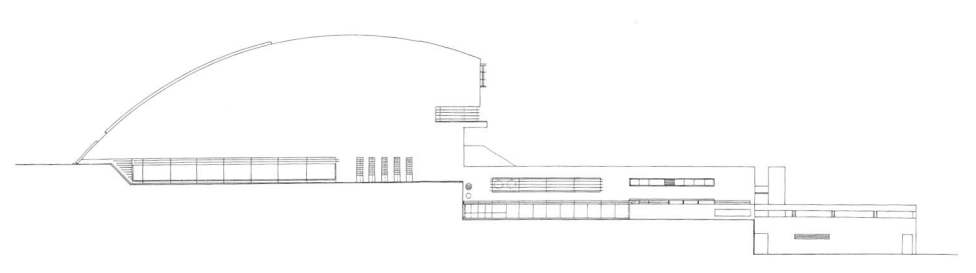

Ansicht View

Modellfoto Tergesteo, Seitenansicht Model Tergesteo, side view

is wide and transparent, reflecting the changing light at the same time; the facade facing the street will have the characteristic stone cladding of contemporary commercial buildings. A building to be called «Polo Natatorio,» with an indoor swimming pool and other facilities, will replace the previous uses at a different site; its design will be supervised by Gustav Peichl and Franco Fonatti.

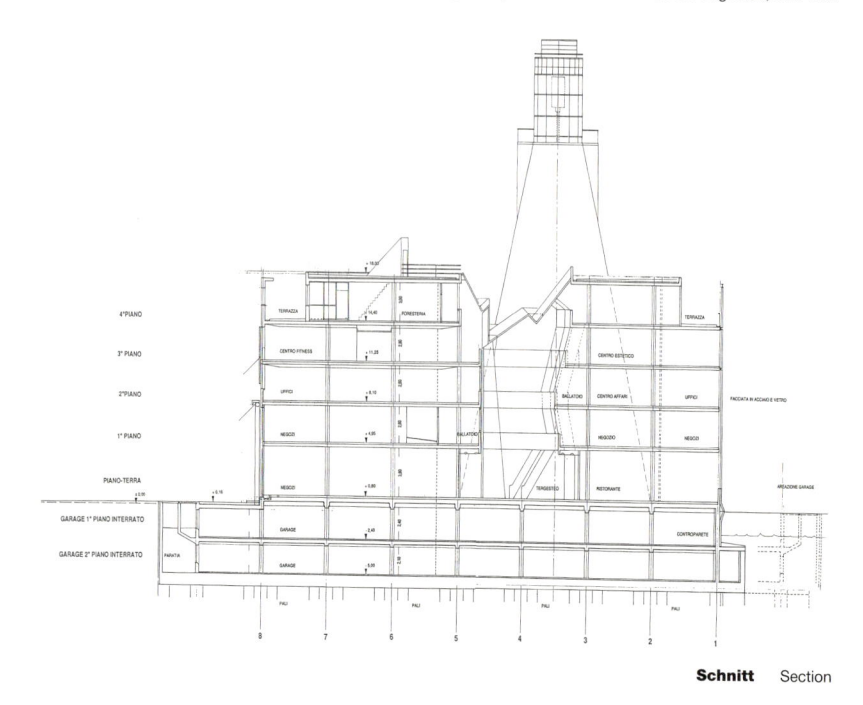

Schnitt Section

Modellfoto Tergesteo, Innenperspektive
Model Tergesteo, interior perspective

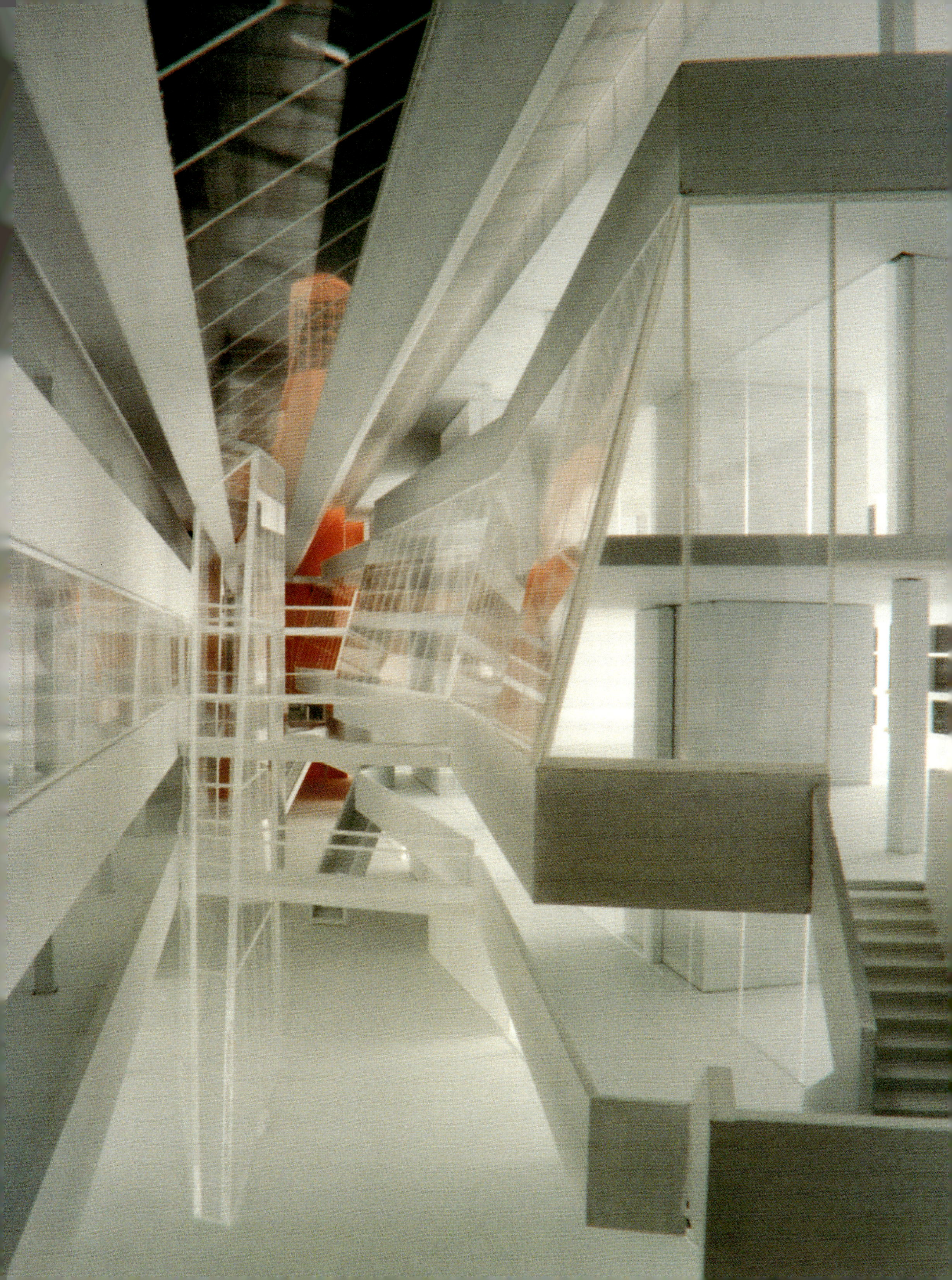

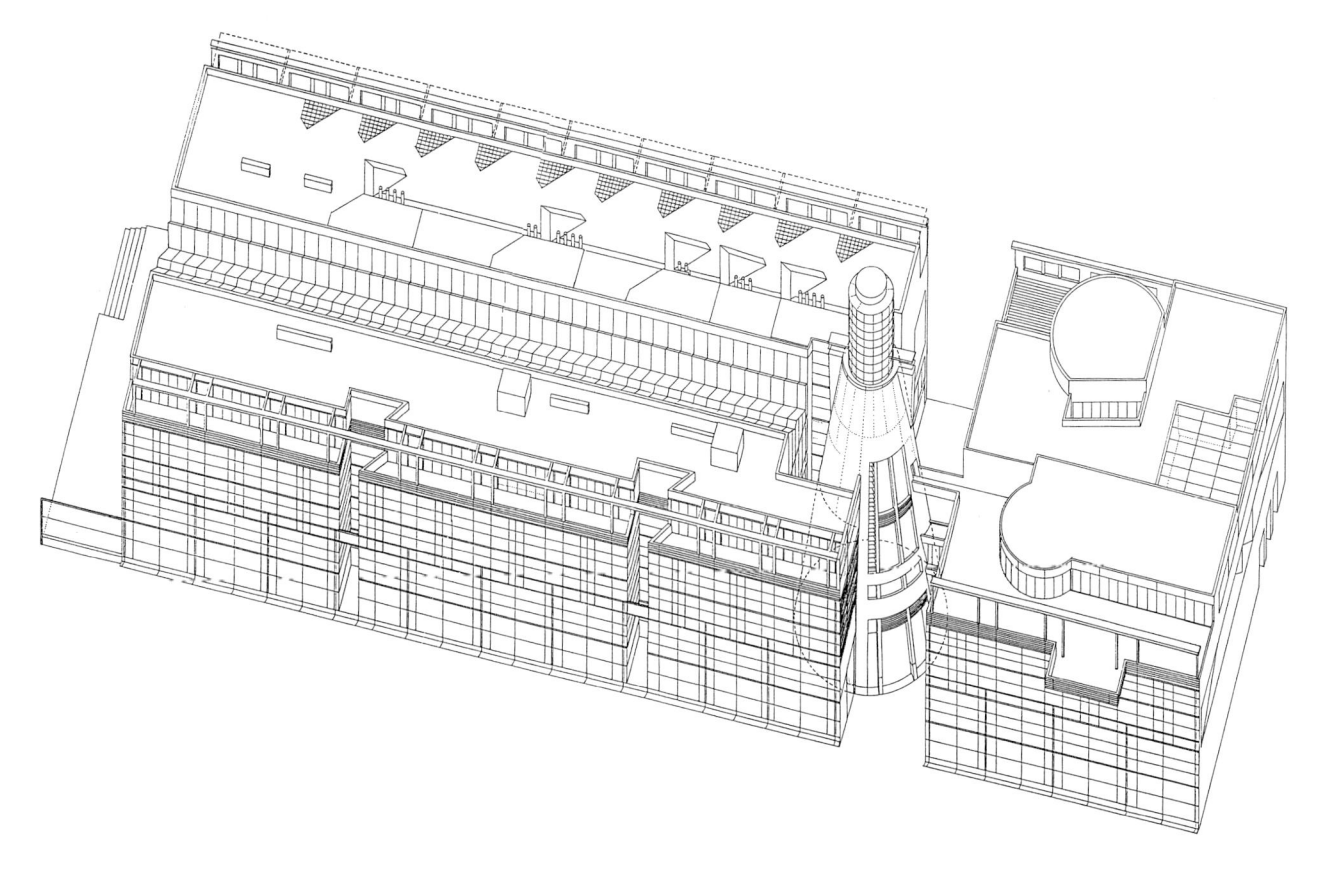

Axonometrische Darstellung mit «Leuchtturm der Kultur» Axonometry with «Lighthouse of Culture»

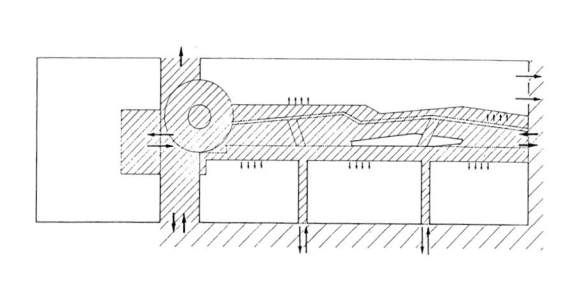

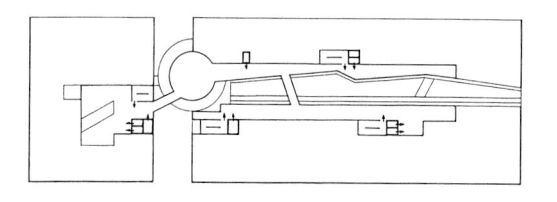

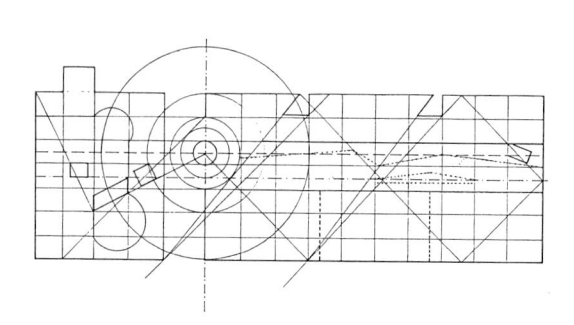

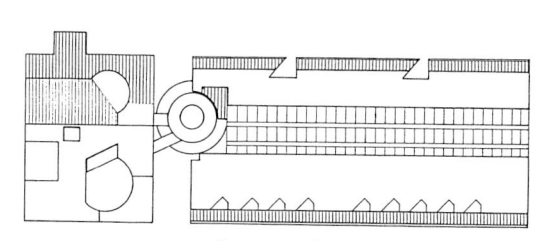

Nutzungsschemata Utilisation schemes

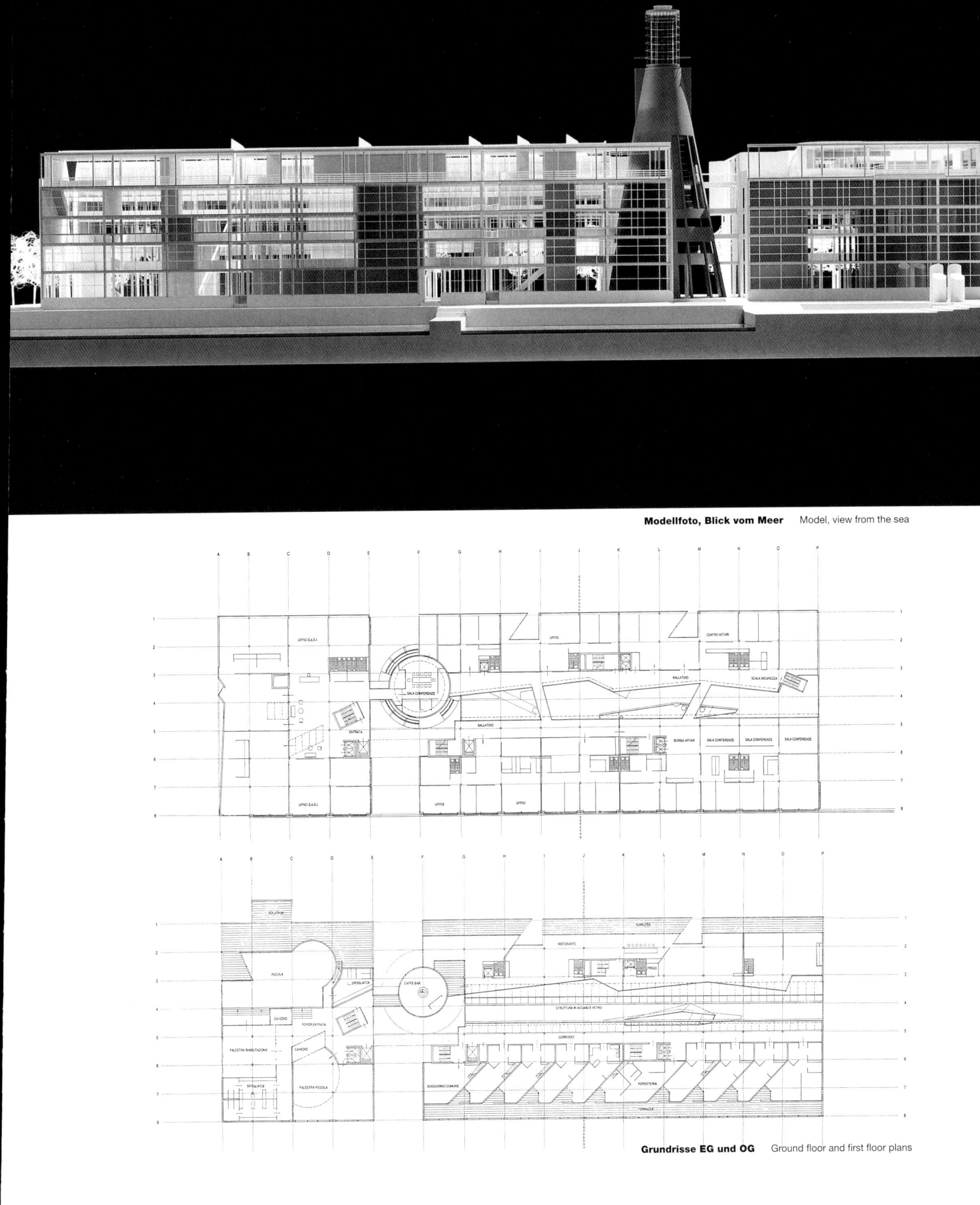

Modellfoto, Blick vom Meer Model, view from the sea

Grundrisse EG und OG Ground floor and first floor plans

121

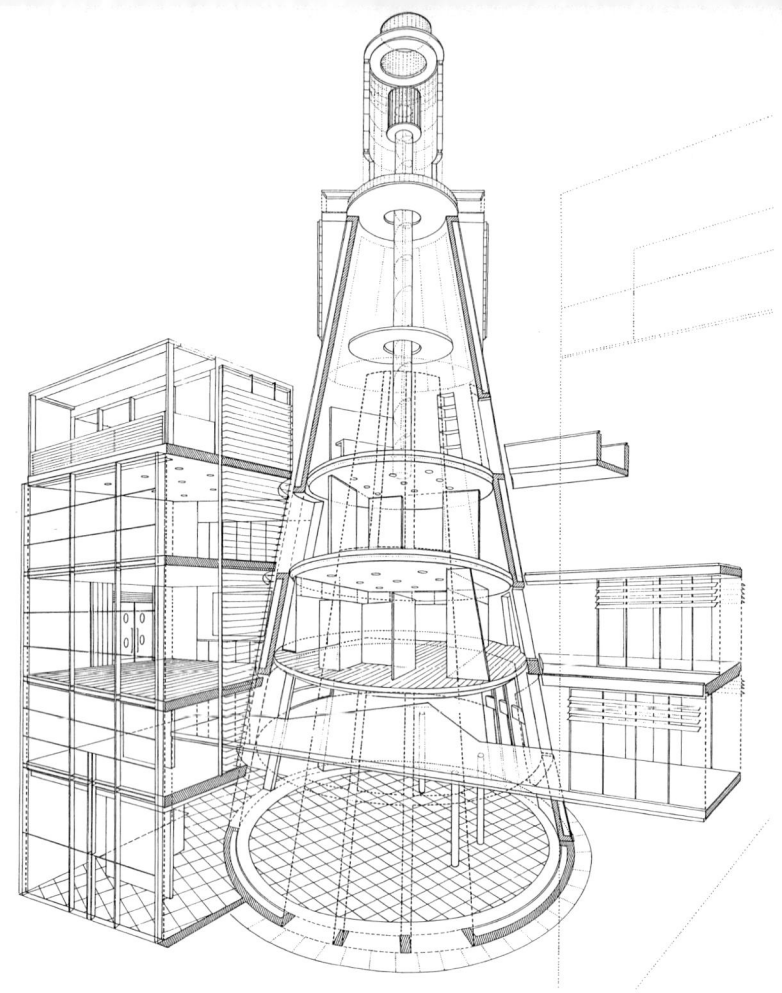

Schnittperspektive «Leuchtturm der Kultur» «Lighthouse of Culture», section in perspective

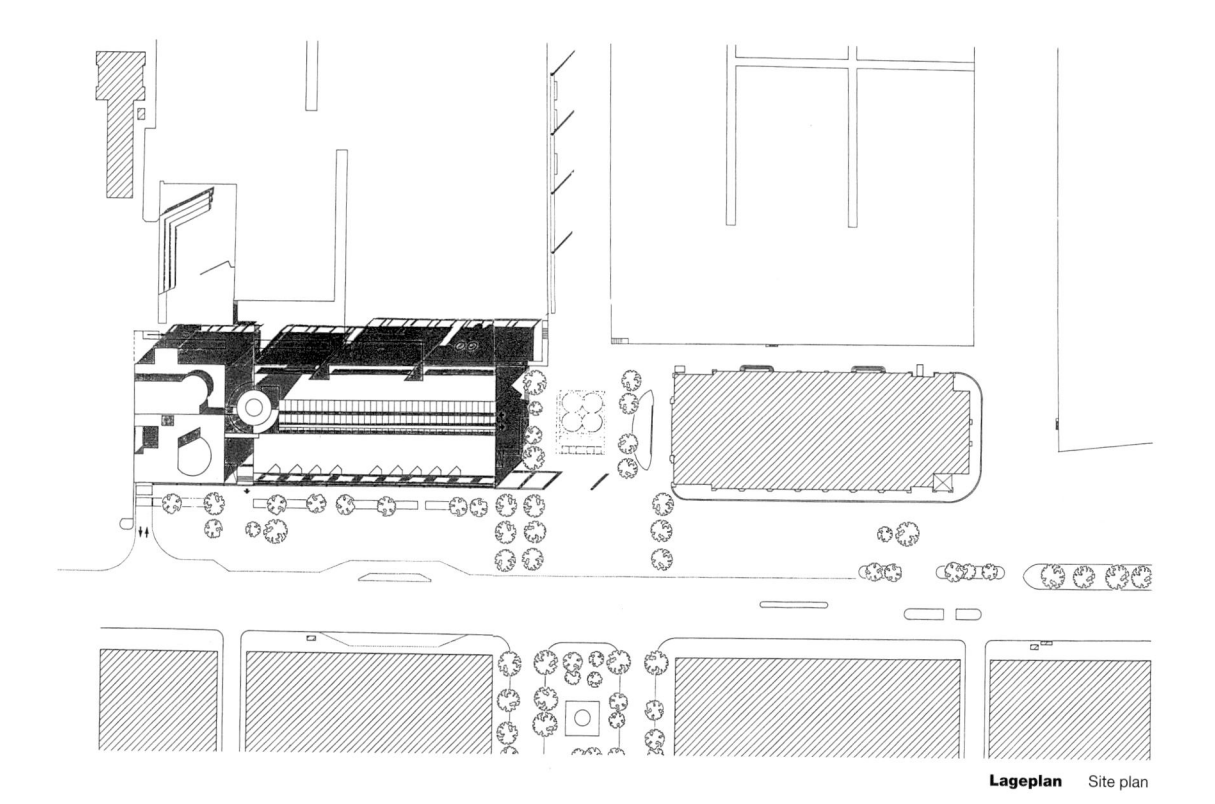

Lageplan Site plan

Modellfoto, Blick von der Riva Tommaso Gulli   Model, view from the Riva Tommaso Gulli

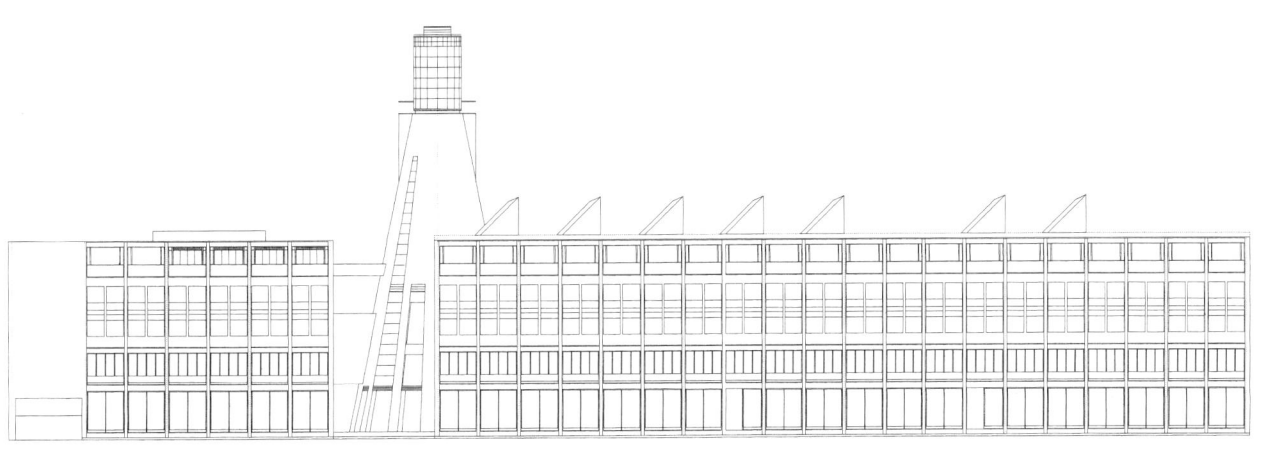

Ansichtzeichnung   View, drawing

123

Werkverzeichnis
List of Works

1 Haus der Technik, Linz
Semesterarbeit an der Akademie der bildenden Künste, Wien 1952

2 Feriendorf in Tirol
Semesterarbeit an der Akademie der bildenden Künste, Wien, 1953

3 Volksschule in Freilassing, Bayern
Wettbewerbsprojekt. Entwurf 1954

4 Einfamilienhaus
Projekt für das Leserpreisausschreiben «Die Presse schenkt Dir ein Haus». Entwurf 1958

5 Gartenstadt Sud, Maria Enzersdorf, Niederösterreich
Entwurf 1958, Fertigstellung 1966. Gemeinsam mit Wilhelm Hubatsch und Franz Kiener

6 Verwaltungsgebäude der Newag-Niogas, Johann-Steinböck-Straße 1, Maria Enzersdorf, Niederösterreich
Entwurf 1958, Fertigstellung 1960. Gemeinsam mit Wilhelm Hubatsch und Franz Kiener

7 Städtischer Wohnbau in der Langobardenstraße, Wien-Donaustadt
Entwurf 1960, Fertigstellung 1962

8 Sommersiedlung in Portoroz, Slowenien
Projekt für ein Fertighaus. Entwurf 1961

9 Reihenhaussiedlung in Vaduz, Liechtenstein
Wettbewerbsprojekt, Entwurf 1961

10 Wohnhaus Dr. Kraus, Tirolerhofsiedlung Perchtoldsdorf, Gießhubl, Niederösterreich
Entwurf 1960, Fertigstellung 1962

11 Atriumschule in der Krim, Flotowgasse/Arbesbachgasse, Wien-Döbling
Entwurf 1961, Fertigstellung 1964

12 Druck- und Verlagsgebäude F. Molden, Muthgasse, Wien-Döbling
Entwurf 1961

13 Eigenes Haus des Architekten, Himmelstraße, Wien-Döbling
Entwurf 1960, Fertigstellung 1962; seitlicher Anbau 1974

14 Stadt des Kindes, Mühlbergstraße, Wien-Penzing
Wettbewerbsprojekt. Entwurf 1962

15 Kirche und Seelsorgezentrum Baumgarten, Linzer Straße, Wien-Penzing
Wettbewerbsprojekt. Entwurf 1962

16 Messehalle auf dem Gelände der Wiener Messe AG, Wien-Leopoldstadt
Wettbewerbsprojekt. Entwurf 1963

17 Städtische Bücherei und Festsaal in der Hutweidengasse, Wien-Döbling
Entwurf 1960, Fertigstellung 1963

18 Wohnhausanlage in der Starkfriedgasse, Wien-Döbling
Wettbewerbsprojekt. Entwurf 1963

19 Österreichischer Pavillon auf der Weltausstellung in New York
Entwurf 1964, Fertigstellung 1964/1965

20 Mädcheninternat der Dominikanerinnen-Klosterschule in der Schloßberggasse, Wien-Hacking
Entwurf 1963, Fertigstellung 1965

21 Rehabilitationszentrum Meidling, Kundratstraße/Köglergasse, Wien-Meidling
Entwurf 1965, Fertigstellung 1967

22 Bundesbehördenzentrum, Hintere Zollamtsstraße/Radetzkystraße, Wien-Landstraße
Wettbewerbsprojekt. Entwurf 1967

23 Österreichischer Pavillon auf der Weltausstellung in Montreal
Wettbewerbsprojekt. Entwurf 1967

24 Contower 1
Projekt für eine städtische Wohnform in Container-Bauweise. Entwurf 1967

25 Audiovisionsschule in Mistelbach, Niederösterreich
Entwurf 1967

26 Österreichischer Pavillon auf der Messe in Helsinki
Ausstellungsgebäude aus vorgefertigten Papierelementen. Entwurf 1968

27 Diesterwegschule, Diesterweggasse, Wien-Penzing
Entwurf 1968, Fertigstellung 1978

28 ORF-Expositur, Feuersteig 1, Eisenstadt
Entwurf 1969. Fertigstellung 1970

29 ORF-Landesstudio Salzburg, Nonntaler Hauptstraße 49d, Salzburg
Entwurf 1969, Fertigstellung 1972

30 ORF-Landesstudio Tirol, Rennweg 14, Innsbruck
Entwurf 1969, Fertigstellung 1972

31 ORF-Landesstudio Oberösterreich, Franckstraße 2a, Linz
Entwurf 1969, Fertigstellung 1972

32 ORF-Landesstudio Vorarlberg, Höchsterstraße 58, Dornbirn
Entwurf 1969, Fertigstellung 1972

33 ORF-Sender Kahlenberg, Wien-Döbling
Entwurf 1973, Fertigstellung 1974

34 Plan für Grinzing, Wien-Döbling
Städtebauliche Entwicklungsstudie. Entwurf 1973–76. Gemeinsam mit Horst Gaisrucker, Gerhard Knöttig, Peter Nigst und Rudolf F. Weber

35 Freyung, Wien Innere Stadt
Städtebauliches Gutachten. Entwurf 1974

36 Molino Stucky, Venedig
Revitalisierung der 1884 vollendeten Mühle. Projekt für die Biennale in Venedig. Entwurf 1975

37 Erdefunkstelle Aflenz, Graßnitz bei Aflenz, Steiermark
Entwurf 1976, Fertigstellung 1979; Bauteil II mit Antenne 2 und 3 1984. Gemeinsam mit Harald Woisetschläger

38 Kunsthaus Vaduz, Vaduz, Liechtenstein
Wettbewerbsprojekt. Entwurf 1977

39 Bebauung des Wulle-Geländes, Neckarstraße, Stuttgart
Städtebauliches Gutachterprojekt. Entwurf 1978

40 Badische Landesbibliothek, Erbprinzenstraße/Blumenstraße, Karlsruhe
Wettbewerbsprojekt. Entwurf 1979

41 ORF-Landesstudio Steiermark, Marburger Straße, Graz-St. Peter
Leicht verändertes und ergänztes Projekt nach dem Muster der ORF-Landesstudios in Salzburg, Innsbruck, Linz und Dornbirn. Entwurf 1969, Fertigstellung 1981

42 Akademie der bildenden Künste, Wien, mit Architekturmuseum und Jugendstilzentrum, Getreidemarkt 2–4, Wien Innere Stadt
Entwurf 1979. Gemeinsam mit Roland Rainer

43 Bayerische Staatskanzlei und Haus der Bayerischen Geschichte, Hofgarten, München
Städtebauliches Gutachterprojekt. Entwurf 1980

44 Weißenhofsiedlung, Stuttgart
Projekt für das Internationale Symposium für Architektur der Zukunft in Stuttgart. Entwurf 1081

45 ORF-Landesstudio Burgenland, Buchgraben, Eisenstadt
Leicht verändertes Projekt nach dem Muster der ORF-Landesstudios in Salzburg, Innsbruck, Linz und Dornbirn. Entwurf 1981, Fertigstellung 1983

46 Technisches Museum Mannheim, Friedensplatz, Mannheim
Wettbewerbsprojekt. Entwurf 1982. Statische Beratung: Wolfdietrich Ziesel

47 ORF-Landesstudio Wien und Niederösterreich mit Tonträgerarchiv, Argentinierstraße 30a, Wien-Wieden
Entwurf 1982, Fertigstellung 1983

48 Ausstellungspavillon für die Eternitwerke auf der «Bau '84», München
Entwurf 1983

49 Wohnhaus in der Schloßstraße 19, Berlin-Tegel
Entwurf 1983

50 Eine Bühne für den Papst, Heldenplatz 5, Wien Innere Stadt
Festgestaltung für den Österreichischen Katholikentag in Wien anläßlich des Besuchs von Papst Johannes Paul II. Entwurf und Fertigstellung 1983

51 Papstkreuz am Äußeren Burgtor, Heldenplatz, Wien Innere Stadt
Entwurf und Fertigstellung 1983

52 Phosphateliminationsanlage, Buddestraße, Berlin-Tegel
Entwurf 1980, Fertigstellung 1985

53 Hutweidenhof, Hutweidengasse/Görgengasse/Weinberggasse, Wien-Döbling
Städtische Wohnhausanlage. Entwurf 1984

54 Landvilla Wienerberg, Wienerberggründe, Wien-Favoriten
Städtische Wohnhausanlage. Entwurf 1985

55 Die Grüne Stadt, Breitenleerstraße/Süßenbrunner Straße, Wien-Kagran
Gutachterprojekt. Entwurf 1885

56 Plan für die City von Hamburg
Gutachterprojekt. Entwurf 1985. Gemeinsam mit Peter Nigst

57 Albertinaplatz, Wien Innere Stadt
Städtebauliche Studie und Verbauungsstudie. Entwurf 1985. Gemeinsam mit Wilhelm Holzbauer

58 Technologiezentrum Pirelli, Mailand
Städtebauliches Gutachterprojekt. Entwurf 1986. Gemeinsam mit Martin Kohlbauer und August Sarnitz

59 Bundeskunsthalle, Friedrich-Ebert-Allee, Bonn
Wettbewerbsprojekt. Erster Preis. Entwurf 1986. Fertigstellung 1992

60 Bovisa, Mailand
Städtebauliche Studie für die Triennale in Mailand.
Entwurf 1987. Gemeinsam mit Franco Fonatti

61 Schule am Wienerberg, Wien-Favoriten
Entwurf 1987, Fertigstellung 1989

62 Erweiterung des Städelschen Kunstinstituts, Dürerstraße 2, Frankfurt am Main
Entwurf 1987, Fertigstellung 1990

62 A Erweiterung der Stadelschule, Holbeinstraße, Frankfurt am Main
Entwurf 1990, Fertigstellung 1991

63 Wohnbauanlage Humboldtplatz/Humboldtgasse/ Scheugasse, Wien-Favoriten
Entwurf 1987

64 Etablissement Ronacher, Seilerstätte/Himmelpfortgasse/Schellinggasse, Wien Innere Stadt
Wettbewerbsprojekt. Entwurf 1987

65 Behördenzentrum Frankfurt, Gutleutstraße, Frankfurt am Main
Wettbewerbsprojekt. Entwurf 1987

66 Hessischer Rundfunk, Am Dornbusch, Frankfurt am Main
Wettbewerbsprojekt. Entwurf 1988

67 Medienturm, Ernst-Reuter-Platz, Berlin-Charlottenburg
Projekt zur Ausstellung «Berlin – Denkmal oder Denkmodell». Entwurf 1988

68 Filiale der Bank für Tirol und Vorarlberg, Tuchlauben, Wien-Mitte
Entwurf 1988, Fertigstellung 1989

69 Kunstforum der Underbank, Freyung, Wien Innere Stadt
Entwurf 1988, Fertigstellung 1989

70 Münchner Kammerspiele, Falckenbergstraße/Neuturmstraße, München
Wettbewerbsprojekt. Erster Preis. Entwurf 1. Stufe 1990, 2. Stufe 1991. Gemeinsam mit Walter Achatz und Stefan Schumer

71 EVN-Forum, Johann Steinböckstraße, Maria Enzersdorf, Niederösterreich
Entwurf 1990, Fertigstellung 1993

72 Probebühnen für das Burgtheater, Arsenal, Wien-Landstraße
Entwurf 1990, Fertigstellung 1993

73 ÖMV-Center, Handelskai/Wehlistraße, Wien Brigittenau
Städtebauliches Gutachten. Entwurf 1991. Gemeinsam mit Rudolf F. Weber.
Statik: Wolfdietrich Ziesel.

74 Landesgirokasse Stuttgart
Wettbewerbsprojekt. Entwurf 1992. Gemeinsam mit Walter Achatz und Stefan Schumer

75 Mont-St.Michel, Frankreich
Studie. Entwurf 1991. Gemeinsam mit Peter Nigst

76 Erweiterung des Wilhelm-Busch-Museums, Georgengarten Hannover
Entwurf I 1992, Entwurf II 1995

77 Donau-Zwilling, Wien-Donaustadt
Entwurf 1993. Statik: Wolfdietrich Ziesel

78 Erzherzog-Karl-Stadt, Erzherzog-Karl-Straße/Langobardenstraße, Wien-Aspern
Entwurf 1993. Gemeinsam mit Martin Kohlbauer

79 Schule in der Ocwirkgasse, Wien-Donaustadt
1993

80 Theater der Stadt Gütersloh
Wettbewerb 1993

81 EXPO '96, Budapest
Austria Pavillon 1994

82 ORF-Landesstudio St. Pölten
1994

83 Wohnpark Alte Donau, Wagramer Straße
1994

84 Europäisches Filmzentrum, Berlin-Babelsberg
Wettbewerb, 1995

85 Tergesteo a Mare, Triest
1995
Gemeinsam mit Franco Fonatti

86 Polo Natatorio, Triest
1995
Gemeinsam mit Franco Fonatti

87 Bibliothek Dortmund
1996

Mitarbeiter im Atelier Peichl

Rudolf F. Weber, seit 1961
Franco Fonatti, 1975–1990
Doris Frank, seit 1977
Martin Kohlbauer, 1986–1992
Alexander Omasits, seit 1990
Gerhard Fassel, seit 1991
Katharina Froech, seit 1992
Christoph Karl, seit 1992
Ilse Petermann, seit 1992

Seit 1991
Peichl & Partner
mit Rudolf F. Weber

Das Projekt Kammerspiele München entstand in Zusammenarbeit mit Walter Achatz und Stefan Schumer, das Projekt Palazzo Tergesteo a Mare, Triest, gemeinsam mit Franco Fonatti.

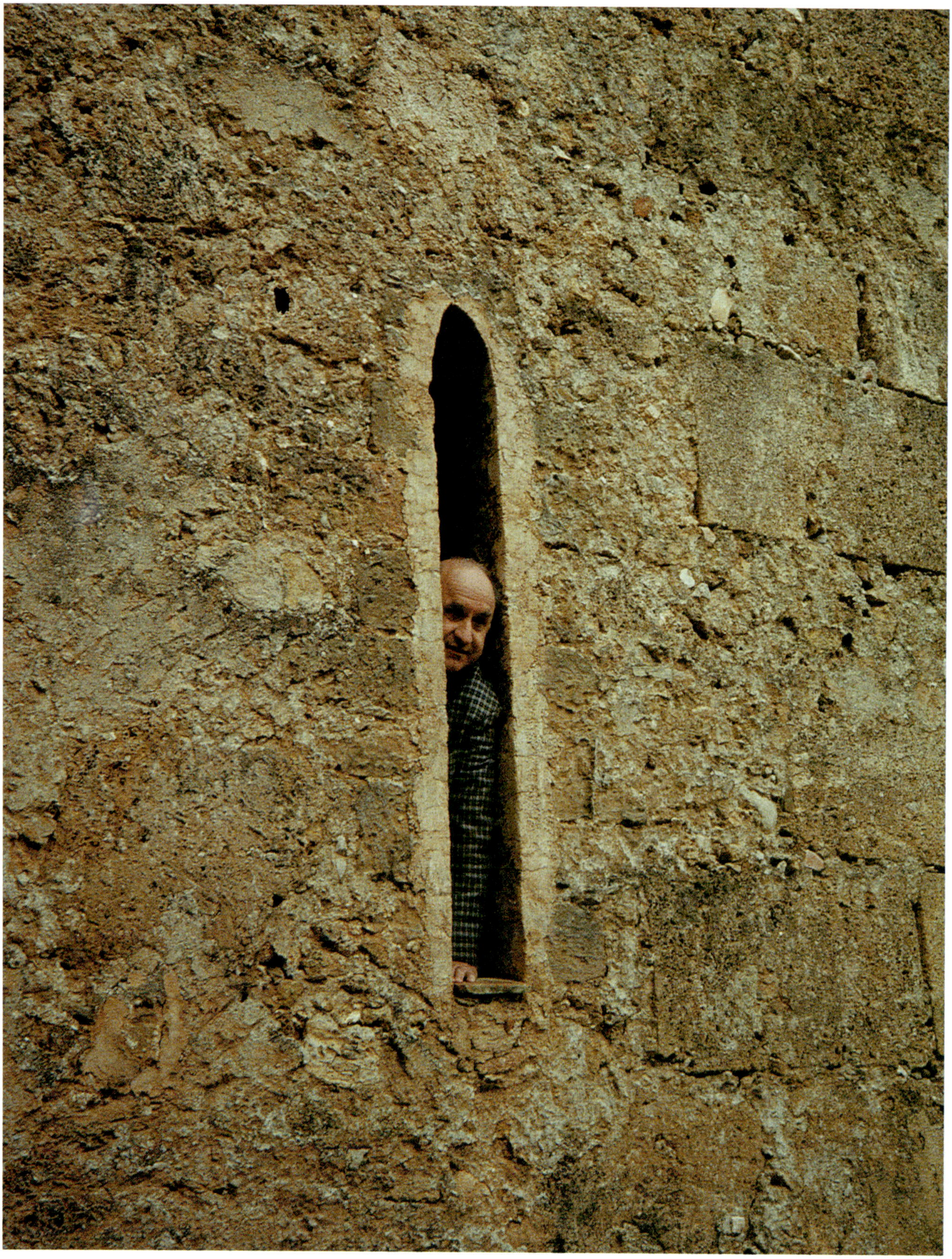

Biographie
Biography

Gustav Peichl

1928 Geboren am 18. März in Wien
Born on March 18, Vienna

1938 Oberschule für Jungen in Mährisch-Trübau
Boys' Secondary School in Mährisch-Trübau

1943–1944 Staatsgewerbeschule in Wien-Mödling
State Technical School in Vienna-Mödling

1947 Besuch der Bundesgewerbeschule in Linz
Federal Technical School Linz

1949 Matura
School-leaving certificate

1950–1954 Studium an der Akademie der bildenden Künste, Wien, Meisterschule Clemens Holzmeister
Study at the Academy of Fine Arts, Vienna, Master School Clemens Holzmeister

1952–1954 Mitarbeit im Atelier Prof. Roland Rainer, Wien.
Work in studio of Prof. Roland Rainer, Vienna

1954 Beginn der Karikaturistentätigkeit unter dem Pseudonym Ironimus
Begins work as a caricaturist under the pseudonym 'Ironimus'

1955 Eröffnung eines eigenen Architekturbüros in Wien.
Opens architecture bureau in Vienna

1960 Erstes eigenes Bauwerk, Haus Himmelstraße, Wien
First completed project, house in Himmelstrasse, Vienna

1964 Gründung der Zeitschrift BAU, Schrift für Architektur und Städtebau (gemeinsam mit Hans Hollein, Walter Pichler und Oswald Oberhuber)
Founds BAU, a 'journal for architecture and town planning' (collaboration with Hans Hollein, Walter Pichler and Oswald Oberhuber)

1969 Preis der Stadt Wien für Architektur
Prize of the city of Vienna for Architecture

1971 Großer Österreichischer Staatspreis
Great Austrian State Prize

1972 Berufung in den österreichischen Kunstsenat
Appointed to the Austrian Senate of the Arts

1973 Berufung als Professor und Meisterschulleiter an die Akademie der bildenden Künste, Wien
Appointed Professor and Master School Director at the Academy of Fine Arts, Vienna

1975 Reynolds Memorial Award. Teilnahme an der Biennale in Venedig mit dem Projekt Molino Stucky
Reynolds Memorial Award. Participation in the Biennale in Venice with the Molino Stucky project

1979 Gründung des 8-Tage-Kunst-Staats «Artopia» in Alpbach (gemeinsam mit André Heller und Horst Gerhard Haberl)
Founds the eight-day-long 'Art State Artopia' in Alpbach (collaboration with André Heller and Horst Gerhard Haberl)

1982 Geramb-Dankzeichen für gutes Bauen für das ORF-Landesstudio Steiermark, Graz
Geramb Award for Good Architecture for the ORF Regional Studio Steiermark, Graz

1984 Ernennung zum Mitglied der Akademie der Künste, Berlin
Appointed member of the Academy of Arts, Berlin

1985 Steirischer Architekturpreis für die Erdefunkstelle Aflenz. Ernennung zum Ehrenmitglied des Bundes Deutscher Architekten
Steyrian Architecture Prize for the Aflenz Radio Receiving Station. Appointed honorary member of Federation of German Architects.

1986 Mies-van-der-Rohe-Preis für das Umweltschutzbauwerk PEA, Berlin-Tegel
Mies van der Rohe Prize for the PEA Environmental Building, Berlin-Tegel

1987 Rektor der Akademie der bildenden Künste, Wien. Teilnahme an der Documenta 8, Kassel. Teilnahme an der Triennale in Mailand. Ernennung zum Ehrenmitglied des Royal Institute of British Architects
Director of Academy of Fine Arts, Vienna. Participation in documenta 8, kassel. Participation in Triennale, Milan. Appointed honorary member of Royal Institute of British Architects.

1989 Berliner Architekturpreis für das Umweltschutzbauwerk PEA, Berlin-Tegel.
Berlin Architecture Prize for PEA Environmental Building, Berlin-Tegel.

1991 Teilnahme an der Architekten-Biennale in Venedig
Participation in Biennale of Architects in Venice

1993 Großer Sudetendeutscher Kulturpreis 1993. Goldenes Ehrenzeichen für Verdienste um das Land Wien. Auszeichnung mit dem Deutschen Architekturpreis für die Bundeskunsthalle, Bonn
Great Sudetendeutsch Culture Prize 1993. Gold Medal for Meritorious Service to the State of Vienna. German Architecture Prize for the Federal Art Museum, Bonn

1995 Berufung in das Auswahlgremium und Berater für den Neubau des deutschen Bundeskanzleramtes, Berlin
Appointed consultant and member of Selection Committee on construction of the new German Federal Chancellory, Berlin

1995 Ernennung zum Ehrenmitglied der Associazione Architetti Triest
Appointed Honorary Member of Associazione Architetti Triest

1995 Ehrenmitglied des American Institute of Architects
Honorary Fellow of The American Institute of Architects

Fotonachweis
Illustration Credits

Atelier Peichl, 78, 81
August Sarnitz, 19
Bryant, Richard, 18, 23, 24
Erlacher, Gisela, Umschlag/Cover, 57–61
Heistinger, Helmut, 17, 19
KAH Bonn, 22, 28
Lintl, Hannes, 126
Lois Lammerhuber, 19
Nikolic, Monika, 29
ORF, 19
Oszvald, Peter, 18, 19, 21, 25, 27
Peichl, Gustav, 18, 19, 20, 26, 54, 55
Schafler, Ali, 18
Schwingenschlögl, Herbert, 2, 33–47, 66–75, 92–123
Seidl, Manfred, 30, 31, 49, 53
Soulek, Georg, 62, 63, 65
WED, 32